广播影视业务教育培训丛书

广播电视基础知识

BROADCASTING & TELEVISION

2017-2018

广播影视业务教育培训丛书编写组 编

主 编：王 蓓
副主编：金德龙 张 宏
编写人员（以姓氏笔画为序）：
方 华 仇东方 成 美 孙树凤 孙聚成 张 俊 周小普 周步恒 梁鸿鹰
温 飙 熊智辉 魏开鹏

中国国际广播出版社

图书在版编目（CIP）数据

广播电视基础知识/《广播影视业务教育培训丛书》编写组编.—北京：中国国际广播出版社，2016.8（2017.8重印）
（广播影视业务教育培训丛书）
ISBN 978-7-5078-3891-6

Ⅰ.①广… Ⅱ.①广… Ⅲ.①广播工作—业务培训—教材②电视工作—业务培训—教材 Ⅳ.①G22

中国版本图书馆CIP数据核字（2016）第132673号

广播电视基础知识

编　　者	《广播影视业务教育培训丛书》编写组	
责任编辑	杜春梅	
版式设计	国广设计室	
责任校对	徐秀英	

出版发行	中国国际广播出版社 ［010-83139469　010-83139489（传真）］	
社　　址	北京市西城区天宁寺前街2号北院A座一层	
	邮编：100055	
网　　址	www.chirp.com.cn	
经　　销	新华书店	
印　　刷	环球东方（北京）印务有限公司	

开　　本	710×1000　1/16	
字　　数	110千字	
印　　张	18	
版　　次	2016 年 8 月　北京第一版	
印　　次	2017 年 8 月　第三次印刷	
定　　价	40.00 元	

CRI　中国国际广播出版社　欢迎关注本社新浪官方微博　官方网站 www.chirp.cn

目　录

第一部分　马克思主义新闻观和
中国社会主义新闻事业的方针原则

第二部分　新闻工作者职业道德

第三部分 广播电视常识

《广播电视基础知识》模拟试卷与参考答案

2017 年全国广播电视编辑记者、播音员主持人资格考试大纲

第一章　总则

第一条　为规范广播电视编辑记者、播音员主持人资格管理，做好全国广播电视编辑记者、播音员主持人资格考试工作，根据《广播电视编辑记者、播音员主持人资格考试办法（试行）》（广发人字〔2005〕552号），制定本大纲。

第二条　本大纲是全国广播电视编辑记者、播音员主持人资格考试命题的依据，供考生备考时参考。

第三条　考试科目：

（一）广播电视编辑记者资格考试科目

综合知识；广播电视基础知识；广播电视业务。

（二）广播电视播音员主持人资格考试科目

综合知识；广播电视基础知识；广播电视播音主持业务（笔试）；广播电视播音主持业务（口试）。

第二章　综合知识

第四条　综合知识重点考察考生的知识面和综合素质，要求考生了解所列知识点。

第五条　综合知识考试时间、考试方式和试题类型：

（一）考试时间为 90 分钟。

（二）考试方式为闭卷、笔试。

（三）试卷满分为 100 分。

（四）试题类型包括单项选择题和多项选择题。

第六条　综合知识内容包括：

一、政治理论知识

（一）马克思列宁主义理论

世界物质统一性原理　世界的普遍联系和永恒发展　物质决定意识原理　事物矛盾运动的基本原理　唯物辩证法的基本规律　以实践为基础的能动的反映论　真理和检验真理的标准　社会基本矛盾及其运动规律　人民群众和个人在历史上的作用

商品　货币　资本　价值规律　剩余价值　资本主义再生产与资本积累　资本主义基本矛盾　资本主义经济危机

两大发现与科学社会主义的创立　社会发展和人的自由而全面发展　共产主义

（二）毛泽东思想

毛泽东思想的形成和主要内容　新民主主义革命总路线　新民主主义基本纲领　人民民主政权　统一战线　实事求是　群众路线　独立自主、自力更生

（三）中国特色社会主义理论体系

邓小平理论的形成、主要内容、历史地位　"三个代表"重要思想的形成、主要内容、历史地位　科学发展观的形成、主要内容、历史地位、指导意义　中国特色社会主义道路、中国特色

社会主义理论体系、中国特色社会主义制度的形成和发展　中国特色社会主义理论体系是马克思主义中国化的最新成果　建设社会主义文化强国　社会主义核心价值体系　加强党的执政能力建设、先进性和纯洁性建设　党的建设面临"四大考验"、"四种危险"　建设学习型、服务型、创新型的马克思主义执政党　马克思主义中国化、时代化、大众化

习近平总书记系列重要讲话精神和治国理政新理念新思想新战略　坚持和发展中国特色社会主义　改革开放前后两个历史时期的关系　中国特色社会主义的总依据、总布局、总任务　实现中华民族伟大复兴的中国梦　"两个一百年"奋斗目标　进行具有许多新的历史特点的伟大斗争　统筹推进中国特色社会主义"五位一体"总体布局（社会主义市场经济、社会主义民主政治、社会主义先进文化、社会主义和谐社会、社会主义生态文明）　新的历史条件下夺取中国特色社会主义新胜利必须牢牢把握的八个基本要求　倡导和培育社会主义核心价值观　协调推进"四个全面"战略布局　"四个全面"战略布局及相互关系　全面建成小康社会及其目标要求　全面深化改革及其总目标　全面依法治国及其总目标　科学立法、严格执法、公正司法、全民守法的"新十六字"方针　全面从严治党　共产主义理想　党的领导是中国特色社会主义最本质的特征　党的群众路线教育实践活动　"三严三实"专题教育　"两学一做"学习教育　严肃党内政治生活净化党内政治生态　不忘初心、继续前进　坚定"四个自信"（道路自信、理论自信、制度自信、文化自信）　增强"四个意识"（政治意识、大局意识、核心意识、看齐意识）　人民立场是我们党的根本政治立场　党在社会主义初级阶段的基本路线是党和国家的生命线、人民的幸福线　树立创新、协调、绿色、开放、共享的发展理念　大力推进生态文明建设　推动形成绿色发展方式和

生活方式　经济发展新常态和供给侧结构性改革　深化经济体制改革的核心问题　牢牢掌握意识形态工作领导权和话语权　实现中国优秀传统文化的创造性转化和创新性发展　中国特色社会主义"新五化"发展战略　总体国家安全观　发展21世纪中国的马克思主义和当代中国马克思主义　促进世界和平与发展　中国方案　"一带一路"战略构想　正确义利观和人类命运共同体

（四）近期国内外重大事件

二、法律基础知识与相关法律法规

（一）法律基础知识

中国特色社会主义法律体系的构成

我国公民的基本权利和义务　人民代表大会制度　多党合作和政治协商制度　我国的文化制度　使用语言文字的原则

（二）相关法律法规

宪法

刑法　为境外窃取、刺探、收买、非法提供国家秘密、情报罪　破坏广播电视设施罪　侵犯著作权罪　损害商业信誉、商品声誉罪　虚假广告罪　诬告陷害罪　侮辱罪　诽谤罪　煽动民族仇恨、民族歧视罪　非法获取国家秘密罪　扰乱无线电通讯管理秩序罪　传播淫秽物品罪

民法　民事权利能力和民事行为能力　民事权利　人身权　名誉权　荣誉权　姓名权　肖像权　隐私权　承担民事责任的方式　合同　侵权责任

电影产业促进法　电影的定义　电影的知识产权保护　电影禁止性内容　规范电影市场秩序　电影产业的支持和保障

公共文化服务保障法　公共文化服务的负责部门　公共文化

设施　政府公开公共文化服务信息和媒体监督

知识产权法律体系　著作权　著作权法保护的作品范围　著作权权利种类　著作权权利限制　表演者权利和义务　录音录像制作者权利和义务　广播电台、电视台权利和义务

网络安全法　网络安全等级保护　网络产品和服务强制认证　个人信息保护　网络用户实名制　网络信息发布行为规范

保守国家秘密法　国家秘密范围　法律责任

国家通用语言文字法　国家通用语言文字基本原则　国家通用语言文字使用

《广播电视管理条例》　禁止制作、播放的广播电视节目　广播电视新闻应当遵守的原则　广播电台、电视台使用语言文字的原则　广播电台、电视台审查节目的要求

《政府信息公开条例》　《信息网络传播权保护条例》　《互联网新闻信息服务管理规定》

三、经济学、社会学、文学常识

社会主义初级阶段的基本经济制度和分配制度　社会主义市场经济体制的基本特征　供给与需求　自由经营与政府干预　资源配置　成本与收益　国内生产总值（GDP）　居民消费价格指数（CPI）　恩格尔系数　基尼系数　通货膨胀与通货紧缩　充分就业与失业　财政政策和货币政策　顺差和逆差　外汇与汇率　自由贸易与保护贸易　固定汇率制度与浮动汇率制度　欧盟　区域经济一体化和经济全球化　世界贸易组织　世界银行和国际货币基金组织

社会化　社会角色　社会规范　社区　社会分层　现代化社会保障

《诗经》　《楚辞》　《史记》　李白　杜甫　唐宋八大家　《红

楼梦》 新文化运动 鲁迅 沈从文 茅盾 《荷马史诗》 文艺复兴 莎士比亚 巴尔扎克 卡夫卡

第三章 广播电视基础知识

第七条 广播电视基础知识重点考察考生对广播电视工作认知程度，要求考生掌握马克思主义新闻观、党的新闻宣传工作方针原则、新闻工作者的职业道德规范、广播电视常识。

第八条 广播电视基础知识考试时间、考试方式和试题类型：

（一）考试时间为 90 分钟。

（二）考试方式为闭卷、笔试。

（三）试卷满分为 100 分。

（四）试题类型包括选择题、简答题、辨析题、论述题。

第九条 广播电视基础知识内容包括：

一、马克思主义新闻观和中国社会主义新闻事业的方针原则

（一）马克思主义新闻观

马克思主义新闻观的含义 马克思主义新闻观的形成与发展 新闻战线"三项学习教育"活动的内涵要求

（二）中国社会主义新闻事业的基本方针

为人民服务、为社会主义服务、为全党全国工作大局服务 团结稳定鼓劲、正面宣传为主

（三）新闻工作的党性原则

党性原则是马克思主义新闻观的根本原则 党性原则的含义与基本要求 坚持党对新闻工作的领导 在新闻实践中做到对党

负责和对人民负责的统一

（四）舆论导向

舆论导向的含义　坚持正确舆论导向的基本要求　坚持正确舆论导向必须把好关、把好度

（五）舆论监督

舆论监督的实质　舆论监督的社会功能　正确行使舆论监督职能　坚持建设性监督、科学监督、依法监督的原则　把握大局，提高舆论监督水平

（六）政治家办报办台

"政治家办报"的提出与发展　政治家办报办台的基本要求　在新形势下坚持政治家办报办台

（七）新闻真实性原则

新闻是新近发生的事实的报道　新闻定义的内涵

真实是新闻的生命　新闻真实的本质要求与具体要求　实事求是是新闻工作的根本出发点　坚持准确、公正、全面、客观的报道原则　当前新闻真实性方面存在的问题及如何坚持新闻的真实性

以辩证唯物主义反映论指导新闻工作　新闻报道必须以事实为依据　新闻手段　客观报道　全面把握和正确反映社会生活的本质和主流　发扬深入实际、调查研究、求真务实、实事求是的作风

（八）新闻价值

新闻价值的含义　新闻价值的要素　新闻价值的客观性与综合性　新闻价值取向

（九）新闻事业的性质

新闻事业是一定社会的经济基础通过新闻手段的反映　新闻

事业属于上层建筑意识形态范畴　新闻事业是综合国力和国家形象的体现　新闻事业的产业属性

（十）贴近实际、贴近生活、贴近群众

"三贴近"原则的含义和基本要求　"三贴近"原则是新闻宣传工作贯彻"三个代表"重要思想的具体化　按照"三贴近"原则加强和改进新闻宣传工作

（十一）社会效益第一，社会效益与经济效益统一

坚持把社会效益放在首位，努力实现社会效益与经济效益的统一

（十二）文艺方针政策

"二为方向"　"双百方针"　弘扬主旋律，提倡多样化　思想性、艺术性、观赏性三统一　"三贴近"

（十三）对外宣传工作的基本原则

（十四）党的十八大以来习近平总书记关于新闻舆论工作与文艺工作的重要讲话

在全国宣传思想工作会议上的讲话　在文艺工作座谈会上的讲话　视察解放军报社的讲话　在党的新闻舆论工作座谈会上的讲话　在网络安全和信息化工作座谈会上的讲话　在庆祝中国共产党成立95周年大会上的讲话　在中国文联十大、中国作协九大开幕式上的讲话

（十五）关于推动传统媒体和新兴媒体融合发展的指导意见

二、新闻工作者职业道德

（一）新闻工作者责任

新闻职业与新闻工作者　　新闻工作者的职业特征　新闻工

作者的社会责任　新闻工作者的职业修养

（二）新闻职业道德

新闻职业道德的本质特征　新闻职业道德的基本原则和规范　新闻工作的法律规范　新闻工作者职业道德建设的意义　违反新闻工作者职业道德的行为

（三）广播电视工作者职业道德

《中国新闻工作者职业道德准则》（2009 年修订颁布）　《中国广播电视编辑记者职业道德准则》　《中国广播电视播音员主持人职业道德准则》　《新闻从业人员职务行为信息管理办法》　《新闻出版广播影视从业人员廉洁行为若干规定》　《新闻出版广播影视从业人员职业道德自律公约》　《中国记协新闻道德委员会章程（试行）》

三、广播电视常识

（一）新中国广播电视发展

延安新华广播电台　北平新华广播电台　中央广播事业局　广播电视部　国家广播电影电视总局　国家新闻出版广电总局　中央人民广播电台　中国国际广播电台　中央电视台　中国国际电视台（中国环球电视网）　央广网　国际在线　中国网络电视台

（二）广播电视节目概述

广播电视节目　广播电视的传播特点　广播的传播符号　电视的传播符号　电视影像的要素　广播电视新闻的语言表达　广播新闻中音响与文字的关系　电视新闻中画面、音响与文字的关系　新媒体的概念和种类　媒体融合　网络直播　拍客　UGC（用户生产内容）　网络主播

第四章　广播电视业务

第十条　广播电视业务重点考察考生的广播电视采编能力，要求考生掌握采、写、编、评的基本技能。

第十一条　广播电视业务考试时间、考试方式和试题类型：

（一）考试时间为 150 分钟。

（二）考试方式为闭卷、笔试。

（三）试卷满分为 100 分。

（四）试题类型包括选择题、案例分析题、写作题。

第十二条　广播电视业务内容包括：

一、广播电视采访

（一）广播电视新闻采访

新闻采访　广播电视新闻采访的要求

（二）广播电视新闻采访的选题

新闻线索　确立选题的标准　选题的方法和步骤

（三）广播电视采访准备

广播电视采访的准备　采访提纲的撰写　记者在现场的介入方式　采访对象的选择

（四）广播电视采访方法

现场观察　广播采录的基本要求　电视摄录的基本要求　体验式采访

二、广播电视写作

（一）广播电视新闻写作的基本要求

符合广播电视媒体特点　用事实说话

（二）广播电视新闻的结构要求

结构线索清晰　层次清楚　核心信息处理突出

（三）广播电视消息

广播电视消息　新闻要素　背景　导语　广播电视消息常用结构

（四）广播电视新闻专题

广播电视新闻专题特点　广播电视新闻专题表达手段　广播电视新闻专题常用结构

（五）广播电视现场报道

广播电视现场报道　现场直播

（六）广播电视连续报道与系列报道

连续报道　连续报道的基本要求　系列报道　系列报道的基本要求

（七）深度报道

三、广播电视编辑

（一）新闻编辑的主要职责和具体工作

新闻编辑工作的主要职责　选题确定　编辑工作流程　新闻报道的策划　选择稿件　修改稿件　制作标题　栏目编排　录制播出　直播导播　通联　报道策划

（二）节目编辑合成

音像编辑合成　新闻类节目音像编辑的基本原则　广播新闻编辑手法和技巧　电视新闻编辑手法和技巧　情景再现

（三）广播电视新闻节目编排

栏目编排思想　新闻编排技巧

四、广播电视评论

（一）新闻评论的特点与功能

新闻评论　新闻评论的功能　新闻评论的特点　广播电视新闻评论的特点

（二）新闻评论的说理

论点　论据　论证　据事说理　对比说理

（三）广播电视评论类型

本台评论　本台短评　编后话　新闻述评　谈话类评论　舆论监督节目

五、广播电视报道类型及规范

案件报道　批评性报道　灾难报道　突发事件报道　死亡报道　暴力报道　未成年人报道规范　隐性采访　图片报道　报道中的禁用词　出镜报道

第五章　广播电视播音主持业务

第十三条　广播电视播音主持业务，重点考察考生对播音主持工作的理解和认识、对播音主持理论基本知识的掌握和运用，以及播音主持的实际操作能力。要求考生能以正确的传播理念、良好的声音形象和屏幕形象、标准的普通话和规范而丰富生动的语言表达，完成广播电视的播音主持工作。

第十四条　广播电视播音主持业务考试时间、考试方式和试题类型：

（一）笔试

1.考试时间为 150 分钟。

2.考试方式为闭卷。

3.试卷满分为 100 分。

4.试题类型包括选择题、简答题、写作题。

（二）口试

1.准备时间为 10 分钟，考试时间为 5 分钟。

2.考试方式为闭卷，现场抽题、现场准备、现场考试并录像。

3.口试满分为 100 分。

4.试题类型包括新闻播报、话题主持。

第十五条　广播电视播音主持业务内容包括：

一、播音主持工作及播音员主持人职业

（一）播音主持工作的性质、宗旨、意义

播音主持工作的性质　播音主持工作的宗旨　播音主持工作的意义

（二）播音主持工作的责任

牢固树立党的宣传员和新闻工作者的责任意识　自觉维护祖国语言文字的纯洁　遵纪守法廉洁自律　树立良好的职业形象和社会公众人物形象　勤奋敬业德艺双馨

（三）播音主持工作的地位、规律、特点、创作道路

播音主持工作的地位　播音主持工作的规律　播音主持工作的特点　播音主持正确的创作道路

（四）播音主持职业规范要求和职业道德准则

播音主持职业规范要求

严格区分职业行为和个人行为　遵守和尊重播音主持工作的各项法律法规　遵守和尊重播音主持创作规律认真严肃对待每一次播出　严格遵守安全播出的各项规章制度　尊重被采访对象（特

别是未成年人、残疾人、社会弱势群体等）

播音主持职业道德准则

责任　品格　形象　语言　廉洁

（五）播音主持岗位规范的意义、播音主持工作优良传统和作风

播音主持岗位规范的意义

有助于培养严谨的工作作风　有利于提高播出质量　有助于塑造良好的媒体形象　以高水平、高质量的播出，树立自己的职业形象　以谦虚的态度和精湛的艺术，尊重和保护自己的职业尊严

播音主持工作优良传统和作风

坚定正确的政治方向　尽职尽责的承担职业责任　全方位主动积极学习积累广博的文化知识　一丝不苟的勤学苦练专业基本功　严谨细致的工作作风　表里如一的慎独品格　精益求精的敬业精神

二、播音主持职业首要的必备基础知识

（一）新闻素质

新闻的基本概念：真实性　准确性　价值　意义等

现场报道的基本能力要求：细致的现场观察能力　敏锐的新闻洞察能力　综合分析、理清思路的逻辑能力　准确的语言表述能力等

（二）语言文字素养

1. 对语言文字基本概念、知识的掌握

2. 按照职业要求运用语言文字的基本能力

基本的准确运用词语概念表述的能力　符合语法规范、用基

本通顺的语句叙述内容的能力　思路清晰、条理层次分明的逻辑能力　语言生动形象的修辞能力

（三）形体语言、基本礼仪、交流沟通能力

形体语言的基本形态　形体语言的基本功能　形体语言表达的基本规律

职业行为中的必备礼仪　作为公众人物的必备礼仪　日常生活中的必备礼仪

掌握和遵守交流沟通的基本规则　职业行为中的交流和沟通

三、播音主持理论基础知识

（一）播音发声知识

播音发声的基本要求及方法　呼吸原理及方法　呼吸在有声语言表达中的作用　口腔控制原理和要领　口腔控制的目的和意义　吐字归音的方法　吐字归音在语言表达中的作用和意义

（二）普通话语音知识

普通话概念　普通话语音特点　普通话声母、韵母、声调、语流音变、词的轻重格式等知识　普通话异读词读音　人名地名的读音　播音员主持人必备语音工具书

（三）播音主持语言表达知识

1. 创作准备与思想感情的运动状态

备稿的定义、内容、方法以及应注意的问题　思想感情的运动状态　感受、态度、感情　具体感受与整体感受

2. 调动思想感情的方法

情景再现的定义、展开过程以及应注意的问题　内在语的定义、作用、分类以及把握　对象感的定义、特征、把握以及应避免的几个误区

3. 表达思想感情的方法

停连的定义、作用、位置的确定以及表达　重音的定义、作用、位置的确定以及表达　语气的定义、感情色彩和分量、声音形式　节奏的定义、类型以及方法

4. 即兴口语表达

广播电视即兴口语表达的范畴和现状　广播电视即兴口语运用的原则　广播电视即兴口语表达的原则　厚积薄发对即兴口语运用和表达的积极意义　串联词的定义、功能、把握以及创作追求　临场应变——即兴口语表达的致臻境界　即兴口语表达易出现的问题　临场应变的定义、要求、依据、现场控制以及应变策略

四、播音主持业务

（一）文稿播读

1. 新闻类节目及其分类　新闻文稿播读的总体要求　新闻消息的播读　新闻评论的播读　新闻专稿的播读

2. 文艺类节目及其分类　文艺类文稿播读的总体要求　文艺类文稿播读的具体要求

3. 社教类节目及其分类　社教类文稿播读的总体要求　社教类文稿播读的具体要求

4. 财经类节目及其分类　财经类文稿播读的总体要求　财经类文稿播读的具体要求

（二）话题主持

1. 新闻评论类节目的界定和分类　新闻评论类专题主持的基本要求

2. 财经类节目的界定和分类　财经类专题主持的基本要求

3. 服务类节目的界定和分类　服务类专题主持的基本要求

4. 综艺娱乐类节目的界定和分类　综艺娱乐类专题主持的基本要求

五、播音员主持人形象

（一）播音员主持人的形象概述

1. 形象的定义

2. 职业形象（声音形象、屏幕形象、社会公众形象）　个人形象

（二）塑造播音员主持人形象的意义和作用

1. 有助于塑造媒体形象

2. 有助于先进文化的传播

（三）处理好播音员主持人形象的多重关系

1. 职业形象与个人形象的关系

2. 内在素质与外在形象的关系

3. 个人和集体的关系

（四）塑造播音员主持人形象的具体要求

1. 塑造职业形象的基本要求

声音形象塑造的基本常识和技巧　职业着装的基本概念及搭配技巧　发型造型的基本常识和要求　化妆造型的基本原则及技巧　饰物佩戴的基本常识

2. 表现职业形象的基本要求

体现媒体责任和个人品德　符合中华民族文化传统　尊重大众审美情趣和欣赏习惯　体态与节目的统一、语言与体态的和谐

3. 注重生活中的形象

良好的语言习惯、规范的体态语言　注意言谈举止的社会影响　尊重和保护好自己的职业形象和个人形象

六、口试内容和评判标准

（一）口试内容

1. 新闻播报。应试者面对镜头播报一条自己抽取的新闻稿。

2. 话题主持。应试者从不同栏目类型的话题中选择一题，面对镜头主持。

（二）口试标准

A 级

1. 声音状态：

播报和主持节目时，发声状态积极、饱满、大气；声音运用松弛、自如、通畅；声音干净、明朗，圆润、大方。

2. 语音面貌：

播报和主持节目时，语音标准，声、韵、调准确无误；语音连贯、流畅；吐字清晰、准确；语调自然。

3. 形象气质：

形象端正、大方，服饰、妆容、仪态、仪表符合广播电视职业规范。

4. 语言表达：

新闻播报：理解准确，感受具体，感情真挚，基调恰切；语言目的明确，停连重音准确，语句流畅，语气生动，分寸得当；语言表达时状态积极，与受众有真切交流，仪态自然大方；能准确鲜明的体现所播节目的基本形态和特征。

话题主持：导向正确，态度鲜明；内容充实，言之有物；能实现节目的播出目的。

思路清晰，逻辑感强；语言表述准确规范，符合广播电视语体特征和语境；语言表达顺畅，对象感、交流感强；语言运用生动、形象；现场反应积极、敏捷，表现富有个性，能体现栏目特色。

B 级

1. 声音状态：

播报和主持节目时，发声状态较积极、饱满、大气；声音运用较松弛、自如、通畅；声音较干净、明朗，圆润、大方。

2. 语音面貌：

播报和主持节目时，语音基本标准，声、韵、调基本准确，偶有失误；语音基本连贯、流畅；吐字基本清晰、准确；语调总体自然。

3. 形象气质：

形象、妆饰、仪态、仪表符合广播电视职业规范。

4. 语言表达：

新闻播报：理解正确，有一定感受；感情、基调基本恰切；语言目的基本明确，停连重音无明显失误；语气、分寸把握基本到位；语言表达时状态积极，语句顺畅，有一定的对象感，自然大方。

话题主持：导向正确，态度鲜明；内容比较充实具体；能基本实现播出的具体目的。

思路清晰，逻辑基本清楚；语言表述基本规范，符合广播电视语体特征和语境；语言表达基本顺畅，有一定的对象感、交流感；语言运用偶有词汇、语法等失误；现场反应积极，基本能体现栏目特色及个性。

第六章　附则

第十六条　本大纲由国家新闻出版广电总局资格考试委员会办公室负责解释。

第一部分

马克思主义新闻观和中国社会主义新闻事业的方针原则

一、马克思主义新闻观

复习要点提示

- 理解马克思主义新闻观的含义、形成与发展。
- 了解新闻战线"三项学习教育"活动的内涵要求。

马克思主义新闻观的含义

马克思主义新闻观是指马克思主义对于新闻现象和新闻传播活动的总的看法。它涉及诸如新闻本源、新闻本质及新闻传播规律等许多根本性问题，其核心是马克思主义关于无产阶级及其政党新闻事业的工作性质、工作原则和工作规律的一系列基本观点。它是马克思主义的世界观、人生观和价值观在新闻传播领域的反映和体现。它告诉人们怎样运用辩证唯物主义和历史唯物主义的观点和方法去看待新闻现象，去回答新闻传播活动中所出现的各种问题。

牢固树立马克思主义新闻观，必须重点把握以下几个方面的问题：要坚持新闻宣传工作的党性原则，这是马克思主义新闻观的根本原则。要坚持把正确舆论导向放在首位，这是新闻宣传最重要的责任。要坚持为人民服务、为社会主义服务、为全党全国工作大局服务的方针，这是社会主义新闻事业的基本方针。要坚持新闻的真实性原则，这是新闻工作必须遵循的基本原则，是党的实事求是的思想路线在新闻工作中的具体体现。要坚持政治家办报办台，这是实现党对新闻工作领导的重要保证。

马克思主义新闻观的形成与发展

马克思主义新闻观的形成是一个与时俱进，不断充实、完善和创新、发展的过程。马克思、恩格斯的新闻思想是马克思主义新闻观的重要基础，是继承、发展马克思主义新闻观的思想宝库。马克思主义新闻观是一个开放性、动态性、发展的思想体系，随着时代的发展和实践的深入，马克思主义新闻观也在不断地丰富、更新和发展。马克思和恩格斯作为创立者和奠基者提出并深刻阐述了一系列基本理论和基本观点，100多年来，其间经历了以列宁为代表的俄国布尔什维克党人和以毛泽东为代表的中国共产党人不断继承、创新和发展的长期过程，逐步形成了科学、系统的理论体系。以中国特色社会主义理论体系为代表，以党性原则为核心的当代马克思主义新闻观，其根本点是必须坚持正确舆论导向，内涵博大精深，十分丰富。

新闻战线"三项学习教育"活动的内涵要求

新闻战线"三项学习教育"活动的内涵：中国特色社会主义理论体系、马克思主义新闻观、职业精神职业道德的学习教育活动。

"三项学习教育"活动的开展，是中央为了加强宣传思想工作队伍建设采取的重要举措。2003年10月，中共中央宣传部、国家广播电影电视总局、新闻出版总署、中华全国新闻工作者协会联合发出《关于在新闻战线深入开展"三个代表"重要思想、马克思主义新闻观、职业精神职业道德学习教育活动的通知》。

开展学习活动以来，新闻战线按照中央的统一部署，紧紧围绕党和国家工作大局，紧密结合新闻队伍的思想和工作实际，把"三项学习教育"活动作为新闻队伍建设的重中之重，采取有力措施，逐步引向深入，取得了阶段性成果。

2009年4月9日，中共中央宣传部、中央外宣办、国家广电总局、新闻出版总署、中国记协等五部门再次联合发出通知，决定在当前和今后一段时期，新闻战线要加大力度，持之以恒，把中国特色社会主义理论体系、马克思主义新闻观、职业精神职业道德的学习教育活动长期开展下去，在解决突出问题、树立良好形象、切实改进工作方面取得更大成效。

新闻战线"走基层、转作风、改文风"活动是践行马克思主义新闻观的重大战略举措。2011年8月，中共中央宣传部、中央外宣办、国家广电总局、新闻出版总署、中国记协等五部门召开视频会议，对新闻战线开展"走基层、转作风、改文风"活动进行部署，广大新闻工作者广泛响应、积极参与。新闻战线开展"走基层、转作风、改文风"活动开展以来，中央领导同志亲自指导，全国新闻战线共同努力，取得了显著成效，受到社会各界广泛赞誉。

2013年，新闻战线深入开展"三项学习教育"活动。2013年是全面贯彻党的十八大精神的开局之年，新闻战线"三项学习教育"活动站在了新的起点上，扎实推进、不断创新，开创出工作的新局面。

2016年2月，在党的新闻舆论工作座谈会上，习近平同志再次对全国新闻工作者提出殷切期望：要深入开展马克思主义新闻观教育，引导广大新闻舆论工作者做党的政策主张的传播者、时代风云的记录者、社会进步的推动者、公平正义的守望者。新闻观是新闻舆论工作的灵魂，只有在正确的新闻观指导下，新闻舆论工作才会坚持正确的舆论导向；新闻工作有了"灵魂"，新闻工作者才会心中有定力、行动有准绳。

二、中国社会主义新闻事业的基本方针

● 熟悉中国社会主义新闻事业的基本方针。

为人民服务、为社会主义服务、为全党全国工作大局服务

为人民服务、为社会主义服务、为全党全国工作大局服务，是社会主义新闻事业的基本方针。党的新闻工作必须以最广大人民的根本利益为最高利益，把对党负责和对人民负责有机统一起来，坚持群众观点，走群众路线，大力讴歌人民群众的生动实践和英雄业绩，反映人民的意愿，满足人民群众的精神文化需求。

社会主义的经济基础和政治制度，决定了我国新闻事业为人民服务、为社会主义服务、为全党全国工作大局服务的基本方针。社会主义社会作为人类历史上崭新的社会制度，不同于以往任何形态下的经济基础。社会主义新闻事业作为社会的上层建筑，是在社会主义经济基础上产生和发展起来的。作为上层建筑，为经济基础服务是本身的职责。社会主义新闻事业通过各种新闻手段传播信息，传播社会主义思想，传播党的纲领、路线、方针、政策，积极地作用于其赖以产生的经济基础，并为社会主义经济制度和政治制度的巩固和发展服务。

新闻宣传工作首先要坚持为人民服务的宗旨。党领导的社会主义事业，是人民的事业，也是人民的根本利益所在。新闻舆论工具要满腔热情地鼓励和支持人民的首创精神，充分调动人民群众的积极性、主动性、创造性，发掘和传播人民群众的智慧和创造精神，促进社会的发展和进步。新闻宣传要把人民群众作为主角，充分发挥舆论引导作用，有效地为人民群众行使参政议政的民主权利创造条件。新闻工作还要坚持社会主义的政治方向。坚持社会主义制度，是我们的立国之本，是我国一切事业进步和发展的基础，也是新闻事业必须坚定不移坚持的政治方向。新闻事业要坚决捍卫社会主义国家利益，维护国家形象，热情宣传社会主义制度的优越性，促进物质文明、精神文明、政治文明、生态文明建设，为改革开放服务。新闻工作为人民服务、为社会主义服务，最终要体现在为全党全国工作大局服务上。新闻宣传工作要围绕经济建设中心，处理好改革、稳定与发展的关系，充分认识稳定的重要性和发展的必要性。

团结稳定鼓劲、正面宣传为主

坚持团结稳定鼓劲、正面宣传为主的方针，准确及时地反映党的路线、方针、政策，实事求是地反映社会现实生活的主流，让人民群众用创造新生活的业绩教育自己，形成鼓舞人民前进的巨大精神力量，是新闻报道工作应该遵循的重要方针。社会主义新闻事业面对亿万人民群众的伟大实践，面对发展中的社会主义事业，报道的着眼点自然应当放在主流方面、主导方面。正确对待人民群众创造历史，是历史唯物主义的一个基本观点，也是以正面宣传为主方针的理论基石。

正面宣传为主，就是要着力宣传能鼓舞和推动人们奋发向前的各种光辉业绩，用伟大的成就和业绩去鼓舞和启迪人们，使人们更加深刻地认识到共产党领导的必要性和社会主义制度的优越性，进一步为国家的富强、人民的幸福和社会的进步努力奋斗。坚持正面宣传为主，还要注意处理好与批评报道的关系，新闻报道要勇于开展严肃认真的批评，批评、揭露消极的、落后的、丑恶的东西，改进工作，解决问题。

三、新闻工作的党性原则

复习要点提示

- 明确党性原则是马克思主义新闻观的基本原则。
- 掌握党性原则的含义和基本要求。
- 了解在新闻实践中要做到对党负责和对人民负责的统一。

党性原则是马克思主义新闻观的根本原则

新闻宣传工作的党性原则是一定政党的政治主张、思想意识和组织原则在新闻活动中的体现。我们党在思想上，要以马克思主义作为新闻工作的指针，宣传党的理论基础和思想体系；在政治上要宣传党的纲领路线、方针政策，使之成为亿万群众的自觉行动；在组织上，要接受党的领导，遵守党的组织原则和新闻宣传工作的纪律。报刊、广播、电视、网络的宣传必须坚持的一个基本要求是：阐述马克思主义的基本理论观点必须准确，紧密联系社会主义现代化建设和改革开放的实际，紧密联系广大人民群众的思想实际，解决思想和理论问题，同时防止形式主义和实用主义两种倾向。在原则问题上，旗帜鲜明地宣传党中央的思想和主张，对那些一时难以全面准确地理解党的纲领、路线、方针、政策的群众，要通过耐心细致的解释、说理进行疏导和教育。我国无产阶级报刊，不论是地方的，还是中央的，都必须服从党的代表大会，服从相应的中央和地方组织。

马克思主义新闻观的核心和精髓是党性原则。坚持党性原则，就要在思想上以马克思主义为指导，政治上与党中央保持高度一致，组织上实行民主集中制。

党性原则的含义与基本要求

党性原则是一定政党的政治主张、思想意识和组织原则在新闻活动中的体现。坚持新闻工作的党性原则，就要做到以下几点：

（1）必须全面、准确、生动地宣传马克思列宁主义、毛泽东思想、中国特色社会主义理论体系。紧密联系社会主义现代化建设和改革开放的实际，紧密联系广大人民群众的思想实际，解决思想和理论问题。

（2）必须全面、准确、生动地宣传党的纲领、路线、方针和政策，使之变为广大人民群众的自觉行动。新闻工作者必须在政治上同党中央保持一致，不允许在报刊、广播、电视、网络的公开报道中发表同党的纲领、路线、方针和政策相反的言论。

（3）必须坚持党的领导，遵守党的组织原则和宣传纪律。新闻宣传是党的一条十分重要的战线，党管宣传、党管意识形态，是我们党在长期实践中形成的重要原则和制度，是坚持党的领导的一个重要方面，必须始终牢牢坚持，任何时候都不能动摇。

（4）必须深刻认识社会主义新闻事业的党性与人民利益的一致性。

（5）必须深刻认识社会主义新闻自由与资本主义新闻自由的本质区别，防止滥用新闻传播自由权利的现象。

坚持党对新闻工作的领导

坚持党对新闻事业的领导,是无产阶级新闻工作的基本原则。无产阶级新闻事业要始终自觉地把自己作为党手中的舆论工具,党也要自觉加强对新闻工作的领导。在我国社会主义制度下,所有的新闻事业都必须接受党的领导。

各级党委都要始终高度重视新闻宣传工作,不断加强和改善党对新闻工作的领导,切实负起政治责任。各级党委要了解并尊重新闻工作的特点和规律,更好地实现党对新闻工作的领导。坚持党对新闻工作的领导,必须坚持民主与集中的统一,内部自由发表意见和公开报道遵守宣传纪律的统一。党报党刊一定要无条件地宣传党的主张。

党对新闻事业的领导,主要是思想上、政治上的领导,是对宣传党的思想观点、方针政策的领导。改善党对新闻事业领导的一个重点在于,按照新闻工作的特点和规律,在实行政治思想领导的同时,要鼓励新闻媒体和新闻工作者充分发挥积极性、主动性和创造性。新闻工作者服从党的领导,不仅指组织上的服从,而且还可以通过自己的创造性工作,使党的思想观点、党的方针政策,迅速、广泛、准确和生动地同群众见面。在政治上同党中央保持一致的前提下,新闻工作者可以充分发挥自己的聪明才智。新闻工作要做到既有严格的组织性、纪律性,又要有高度的主动性和创造性。

在新闻实践中做到对党负责和对人民负责的统一

社会主义新闻事业的党性和人民的利益是完全一致的,在社会主义新闻事业的全部工作中，对党负责与对人民负责应当是完全统一的。人民群众的信任和支持，是党得以生存的基础和力量的源泉。党通过新闻事业同群众保持经常的、密切的联系，由于新闻事业覆盖面广，能够把党的声音广泛传递到群众中去，由于社会主义新闻事业是人民的事业，通过专业新闻工作者和非专业新闻工作者的活动，能把人民的呼声、愿望、批评及时反映出来，并且通过公开的或内部的报道形式传达给党的领导机关。这种生动活泼的联系，使党能够通过新闻事业和群众交谈，使社会主义新闻事业不但在理论上而且在实践中成为党的耳目喉舌和人民的耳目喉舌。

历史经验表明，只有坚持党的正确领导，坚持马克思主义的政治路线和思想路线，发扬党内民主和社会主义民主，才能保持和加强党和人民群众的联系，才能有效发挥社会主义新闻事业的纽带作用，做到对党负责和对人民负责的统一。

四、舆论导向

- 熟悉舆论导向的含义。
- 熟练掌握坚持正确舆论导向的基本要求。
- 了解"坚持正确舆论导向必须把好关、把好度"的具体含义。

舆论导向的含义

舆论导向指的是新闻宣传中占主导地位的舆论导向。舆论导向直接影响广大社会成员的思想和行动，关系革命和建设事业的成败、党和人民的祸福，是新闻工作中一个需要高度重视、万万不可掉以轻心的原则性问题。能否正确把握舆论导向是检验新闻工作党性的重要标尺。社会主义新闻事业的一项重要任务就是把握正确的舆论导向，坚持用正确的舆论引导人，同时做好错误舆论的转化工作。

把握正确的舆论导向，用正确的舆论引导人，是实施社会控制的一种重要手段。舆论反映人心向背，虽然它对任何人都不发生强制作用，它不能命令人们的行动，也不能规定人民的行为，但它却能产生一种精神的、道义的力量，给人以压力。有的时候，公众的谴责甚至胜于法律和组织纪律的处理。马克思把舆论看做是一种普遍的、隐蔽的和强制的力量。

报纸、广播、电视等新闻媒介是舆论的载体，也是舆论的扩大器，在把握正确的舆论导向方面有着十分重要的作用。舆论一经新闻媒介传播，便会在社会上产生影响；一项政策、一种主张经过新闻媒介的宣传解释，就会逐渐被越来越多的人接受。经过新闻媒介广泛传播的意见，往往会成为社会舆论的主流。1996年，江泽民同志在视察人民日报社时更是把舆论导向问题提到一个新的理论和认识的高度来强调。他深刻地指出："历史经验反复证明，舆论导向正确与否，对于我们党的成长、壮大，对于人民政权的建立、巩固，对于人民的团结和国家的繁荣富强，具有重要的作用。舆论导向正确，是党和人民之福；舆论导向错误，是党和人民之祸。"这一论断以鲜明简洁的语言，深刻地阐述了舆论导向与党和人民利益的密切关系，指明了新闻宣传工作所肩负的"以正确的舆论引导人"的光荣使命和艰巨任务。

坚持正确舆论导向的基本要求

社会主义新闻事业是党和人民的喉舌，肩负着宣传、教育、鼓舞、引导全党同志和全国各族人民积极投身社会主义现代化建设的光荣而艰巨的使命。正确把握舆论导向，是坚持新闻宣传工作党性原则的要求。

坚持正确的舆论导向，根本的是要以马克思列宁主义、毛泽东思想、中国特色社会主义理论体系为指针，自觉地在思想上、政治上、行动上同党中央保持一致，坚定不移地贯彻党的基本理论、基本路线、基本纲领和基本经验，认真宣传党的各项方针、政策，把人民群众的思想统一到中央的精神和工作部署上来，积极推进物质文明、精神文明、政治文明和生态文明建设，促进国民经济持续快速协调健康发展和社会全面进步。

（1）坚持正确的舆论导向，首要的是坚持正确的政治导向。新闻工作者要不断增强政治敏锐性和政治鉴别力，在事关政治方向、政治原则的问题上时刻保持清醒头脑，做到旗帜鲜明，立场坚定，大事面前不糊涂，关键时刻不动摇。

（2）坚持正确的舆论导向，必须增强政治意识、大局意识、责任意识。新闻宣传工作是党和国家工作大局的重要组成部分，从来都是为党和国家发展服务的。

（3）坚持正确的舆论导向，必须唱响主旋律，打好主动仗。在思想空前活跃，社会价值呈现多样化趋势，影响群众思想的因素和渠道越来越复杂多样，社会舆论存在不同声音甚至杂音噪音的情况下，新闻工作要积极主动地用正确的思想舆论去反对和克服错误的思想舆论，保持正确思想舆论的主导地位，巩固和发展全国人民团结奋斗的思想基础。

（4）坚持正确的舆论导向，必须贯彻团结稳定鼓劲、正面宣传为主的方针，还要善于和敢于回答广大群众面临的焦点、热点、敏感问题。

坚持正确舆论导向必须把好关、把好度

坚持正确的舆论导向必须把好关、把好度，是马克思主义世界观和方法论的重要内容，体现了马克思主义新闻观的政治观念、责任要求，反映了马克思主义认识事物、处理矛盾的科学方法。

"把好关"，就是要从人民的根本利益出发，从党和国家工作大局出发，正确判断哪些应该报道，哪些不应该报道；哪些应该多报、详报，哪些应该少报、简报，从而正确地引导社会舆论。

"把好度"，就是要把握分寸、力度，把握报道的时机。要审时度势，了解大局、服从大局、服务大局，要因时、因人、因地、

因事制宜。度能否把握得好，是对新闻工作者特别是新闻战线领导干部科学运用唯物辩证法能力的检验，是思想、政治、理论、政策、业务水平的综合检验。

　　只有把好关、把好度，才能确保导向正确，水平提高，阵地巩固，影响扩大。既要在政治上、政策上把好关、把好度，又要在热点引导、舆论监督等具体问题上把好关、把好度，归根结底是要在导向上把好关、把好度。

五、舆论监督

复习要点提示

- 了解舆论监督的实质。
- 掌握舆论监督的社会功能。
- 掌握正确行使舆论监督职能。
- 掌握舆论监督的原则。
- 掌握提高舆论监督水平的重要前提和根本保证。

舆论监督的实质

舆论监督的实质就是人民的监督。

舆论监督作为一种特殊的社会监督机制，在整个社会监督体系中，在社会主义民主建设中具有重要的地位，是社会主义民主和法制建设的重要参与力量。

舆论监督是社会主义民主建设的推动力。舆论监督提高和深化了广大人民群众的公民意识，是树立民主与法制意识的有效手段。民主与法制，既是舆论监督机制运行的先决条件，又是舆论监督的重要内容，舆论监督的实施与效果呈现，本身就是社会主义民主与法制的实践体现。舆论监督的进步与发展，反映了民主与法制的进步与发展。

舆论监督是人民群众参政议政的重要方式。民主制度建设的关键在于为社会公众提供有效的传达意见的渠道和参政议政的渠道，通过新闻传播媒介实行的舆论监督，是一种公众广泛参与、公开表达意见的社会监督。舆论监督对于发扬人民当家做主的精神，培育公民的法制意识，保护公众积极的参政议政热情，加强公众对国家事务、公共事务的监督，具有重要作用。

舆论监督是社会主义民主建设的重要内容。舆论监督活动实际上是与社会民主的观念和制度紧密联系在一起的，没有社会民主在观念上的认同和制度上的保证，舆论民主和舆论监督就会陷入尴尬的境地。在新的历史时期，进一步维护和保障社会公众的知情权、言论自由权、舆论行为权，是社会主义民主与法制建设的一项重要内容。

舆论监督是决策民主化、科学化的有效途径。新闻传播媒介是现代社会人们参政议政的重要渠道，通过这个渠道，社会公众可以在重大决策制定前后或实施过程中，对决策进行广泛的评议和论证，为政府部门提供可靠的民意和社情参照，从而为各项政策的制定与完善贡献力量。

舆论监督是揭露腐败、反对官僚主义的有力武器。舆论监督对社会秩序和社会风气的维护与保障作用，主要是通过对各种丑恶现象的公开报道进行的。舆论监督在惩治腐败、倡导廉政、强化执法力度、保持政令畅通、加强行政管理、提高工作效率、反对官僚主义、监督干部尽职守责方面作用重大。

舆论监督的社会功能

舆论监督是一种广泛的社会监督和群众监督，是公众运用舆论手段对社会所实行的监督，而新闻舆论监督是最主要最常用最有效的一种方式。新闻舆论监督是新闻传媒运用新闻舆论手段对社会所实行的监督，实施新闻舆论监督的机构有报社、出版社、通讯社、广播电台和电视台等。

新闻舆论监督是人类文明的产物。在我国社会主义初级阶段，作为权力制约体系有机组成部分的新闻舆论监督，与立法监督、司法监督、行政监督、党内监督和群众监督一起，构成了有中国特色社会主义的监督体系。马克思主义新闻观认为，舆论监督本质上是人民群众利用新闻媒体对社会公共事务行使民主权利而进行的监督活动。新闻舆论监督就是新闻媒体代表人民通过对事物的评价和批评，明辨是非，维护真理，伸张正义，促进事物的转化，影响事物的进程，从而实现对国家事务、经济文化事业和社会事务的管理。因此，对社会丑恶现象和党内腐败现象实施舆论监督，是党和人民赋予新闻媒体的基本权利和义务，是新闻工作者义不容辞的社会责任，也是增强党报的战斗力、影响力的一项重要工作。

新闻事业的舆论监督主要有以下几种功能：

（1）监测环境功能。

舆论监督对社会发展具有"晴雨表"和"候风仪"的监测作用。舆论监督能够不断地向社会及公众提供新的社会热点、焦点和社会发展的最新信息，同时引导社会公众密切注视社会发展过程中出现的新事物、新问题、新动向。舆论监督对社会的监视还表现在对社会发展过程的监视，不断跟踪社会发展进程、不断关注和评价这一进程、为社会进程的良性发展扮演守望者角色。舆论监督对社会监视还表现在对社会发展的效果评价上。

（2）社会调节功能。

舆论监督可以对社会心态、社会意见进行调节、疏导和重新整合，充当社会的"传声筒"和"排气阀"，传达呼声，宣泄积郁，满足愿望，从而使整个社会在心态上维持在一个理想的安全值上。

（3）社会控制功能。

舆论监督以舆论、宣传、教育的手法去影响和引导公众的价值观和行为方式，预防和制止社会越轨行为。舆论监督为社会成员提供符合社会目标的价值观念和行为模式，调节人际关系，指导和制约社会成员的社会行为，成为社会转型时期最迅速、最灵敏、最有效的反应。

（4）社会制衡功能。

在社会主义民主政治的条件下，舆论监督所代表的是多数人的意志。这种权力在进行权力制约和权力抗衡的时候，以新闻舆论的形式出现，其监督的领域广、反应迅速、参与公众多、影响效果大。

（5）舆论监督是一种动态平衡的社会监督。

第一，舆论监督积极主动地介入监督领域，许多社会问题、社会事件首先是以舆论监督形式表现出来的。第二，舆论监督是一个动态过程，总是严密跟踪监督目标与对象行为的发生发展过程，能够做到在否定自己的基础上求得正确的监督。第三，舆论监督的公正性来自操作中的平衡手段。不同的意见、不同的观点、不同的结论，在机会平等的基础上，实现最终的平衡。

正确行使舆论监督职能

舆论监督的实现途径和实施手段是多种多样的，通过公开地报道事实、树立典型、批评越轨、及时褒贬、设置议题、组织讨论等手段，一方面对社会公众进行广泛的道德风尚教育，引导人们按照法律、规章、制度的要求从事社会活动，引导人们遵从、仿效符合时代文明和道德标准的好人好事；另一方面，对各种落后、阴暗、消极、腐败现象进行公开的揭露与谴责。通过正反两个方面的教育，在社会公众中形成比较一致的价值取向和道德要求。

新闻舆论监督负有重要的历史使命，新闻工作者在履行监督职责时，要学会正确行使舆论监督职能。

要把社会责任放在首位。做好新闻舆论监督工作，必须树立强烈的社会责任意识，坚持为人民服务、为社会主义服务、为党和国家工作大局服务，注重新闻舆论监督的社会效果。

要遵守纪律和法律，恪守新闻道德。在实施新闻舆论监督的过程中，要严格地按照法律、政策办事，在法律许可范围内履行其社会责任。

要接受党、政府和人民群众的监督。新闻舆论监督的权利是宪法和法律赋予的，是党和人民赋予的。法律保护新闻媒体的舆论监督权和新闻工作者正当行使舆论监督的权利，同时也要对其进行监督和制约，以防止舆论监督的失范和滥用。

坚持建设性监督、科学监督、依法监督的原则

开展舆论监督要重视建设性监督。舆论监督要善于处理好改革、发展与稳定的关系，把舆论监督的力度与社会、人民群众的承受程度结合起来。舆论监督效果要有利于改进工作和解决问题，有利于稳定大局和振奋民心，有利于中央的统一工作部署和维护中央的威信。

开展舆论监督要注意监督的科学性。在监督过程中把握好"适时、适量、适宜"的度，注意平衡，掌握尺寸。舆论监督要对社会现实和社会发展的主流与本质有正确的判断，在科学调查的基础上，对事物的整体进行全面认识，使舆论监督达到正确的平衡。

舆论监督要遵纪守法。舆论监督的运作必须严格限定在法律、制度、政策以及社会道德规范允许的范围内。在社会主义市场经

济条件下，舆论监督要遵纪守法，严格执行宣传纪律，按照相关法律、政策和规定办事。

把握大局，提高舆论监督水平

加强对马克思主义新闻观中关于舆论监督思想的学习，是我们搞好新闻舆论监督工作的重要前提和根本保证。

一是要划清马克思主义新闻观的舆论监督同新闻媒体是"第四权力"等资产阶级新闻理论的界限。马克思主义的舆论监督思想与资产阶级"第四权力"的"新闻自由"观的一个根本区别在于，新闻媒体不可能独立于政党之外。新闻媒体的舆论监督，既是人民群众赋予的权利和义务，也是党和政府赋予的权利和义务。舆论监督既是党的批评与自我批评的作风通过新闻手段的反映，也是人民群众依法管理好自己的事情所行使的民主监督权利。因此，否定舆论监督的观点是极其错误的，而把舆论监督凌驾于党和人民之上的观点更是极其错误的。

二是舆论监督必须坚持党性原则。坚持党性原则，也就是坚持工人阶级和人民群众的根本利益的原则，就是要站在党的立场，站在党和人民利益的立场，在新闻宣传中体现党的纲领、路线、方针、政策。新闻媒体是党和人民的耳目喉舌，是社会舆论的代表，是真理的传播者，是社会不倦的守望者。记者从事舆论监督报道，必须为党和人民利益鼓与呼，而决不允许站在个人和小团体的立场，以舆论监督的名义，谋自己的私利。

三是要有大局意识和责任意识，从有利于安定团结和社会稳定出发，促进问题的解决。舆论监督从大局出发，首先，要求舆论监督要有明确的目的，要有利于帮助有关方面改进工作，为党和国家的工作大局服务，不能为了别的什么目的，或图一时之快，给党和政府的工作添乱。其次，要透过错综复杂的社会现象抓住具有典型意义的事件，选准批评对象。舆论监督，监督的主要对象是干部而不是一般群众；是政治问题、政策问题、作风问题、纪律问题，而不是一般问题。舆论监督应该坚持团结、稳定、鼓劲，以正面宣传为主的方针，形成有利于推进改革开放、发展社会生产力的舆论。

四是舆论监督要客观公正、实事求是、抓住本质、打中要害。真实是新闻的生命。真实更是舆论监督报道的生命。舆论监督的力量来自于事实。事实的准确是舆论监督生命之所在。记者不仅要对事实本身负责，而且要对事实的使用的准确性负责。

五是舆论监督既然是党的一项重要工作，就要在党委领导下有序地进行。党委首先要大力支持新闻媒体搞舆论监督，对各级领导机关、领导干部也要进行马克思主义新闻观的教育。要教育各级领导机关、领导干部和广大党员正确对待舆论监督，认识舆论监督的重要作用，自觉地发扬党的批评与自我批评作风，自觉运用新闻工具指导工作，包括运用新闻媒体的批评报道，解决工作中的问题。党委加强对舆论监督的领导，还要对舆论监督给予积极引导。党委加强对舆论监督的领导，还要教育从事新闻舆论监督的记者，知法懂法，按法律办事。

六、政治家办报办台

复习要点提示

- 了解政治家办报办台是社会主义新闻事业党性原则的要求。
- 了解政治家办报办台的基本要求。

"政治家办报"的提出与发展

坚持政治家办报办台是社会主义新闻事业党性原则的要求，是社会主义新闻事业的性质决定的，是实现党对新闻事业领导的重要保证。坚持政治家办报办台，是马克思主义新闻观的一贯主张。马克思和恩格斯曾经提出，党的机关报必须由站在党的中心和斗争中心的人来编辑，党报的编辑应当具有革命思想和无产阶级思想。列宁强调党的机关报应成为政治报纸，必须由忠于无产阶级革命事业的可靠的共产党人来主持。

毛泽东首次明确提出要"政治家办报"。1957 年 6 月间，毛泽东明确提出"政治家办报"这一概念，其核心思想是，办报的人，特别是新闻单位的领导者要有政治家的胸襟和见识，要能够从政治上总揽全局，抓住事情的要害，使新闻宣传紧密配合国内外的政治形势，为全党和全国工作的大局服务。毛泽东在吸纳列宁关于报刊党性原则思想的基础上，更多的是从无产阶级政党的性质、从革命事业发展的要求上来强调坚持党性原则的重要性。他要求党的报刊要"无条件地宣传中央的路线和政策",在政治上和思想上与中央保持一致,组织上则应服从党的纪律,不允许任何同党闹独立的现象。为了保证党的报刊能够切实遵循党性原则,严守党的立场,毛泽东反复强调各级党的组织要重视党报工作,要把党报工作纳入党委议事日程,要严格加强对党报的领导。毛泽东关于"政治家办报"的思想其实也是其党性原则思想的重要内容。因为在毛泽东看来,唯有政治家办报,才能站得高,看得远,立得稳,保证党的报刊真正坚持党的纲领、路线、方针、政策,坚持社会主义道路,不偏离方向。毛泽东著名的"新闻、旧闻、不闻"的观点,也同他的政治家办报的思想相联系。按他的思想,一家对党和人民负责的报刊,一个对党和人民负责的新闻工作者,在新闻报道过程中应当做到该抢则抢(新闻),该压则压(旧闻)。而对那些发表后会引发不良社会后果,对党和人民不利的内容就坚决不发(不闻)。

政治家办报办台的基本要求

坚持政治家办报办台是社会主义新闻事业性质的要求;坚持政治家办报办台是社会主义新闻事业党性原则的要求;坚持政治家办报办台是社会主义新闻工作者基本素质的要求。

要做到政治家办报办台,就要做到以下几点:一是讲政治、讲党性、提高政治素养。要善于从政治上总揽全局,抓住事情的要害。新闻工作要通过舆论导向、党性原则、宣传纪律、新闻价值取向、新闻敏感性等与讲政治的基本内容密切相关的内容和要求,体现政治性。二是保持清醒头脑,冷静处理问题。要保持清醒头脑,透过现象看本质,冷静、正确地分析、把握形势,从容应对可能出现的各种复杂情况,做到大局在胸,心中有数,自觉按照中央制定的政策和宣传方针组织报道，发挥新闻媒体的舆论导向作用。三是突出宣传重点，把握政治方向。坚持政治家办报，必须把握坚定的政治方向，具有很强的政治鉴别力和政治敏锐性，树立高度的政治责任感。在大是大非问题上立场坚定，站在党和人民的立场上考虑问题，旗帜鲜明地与党中央保持高度一致。四是增强全局观念，加强宏观意识。新闻工作讲政治绝对不是抽象的，而是十分具体的。讲政治就必须顾全大局，在处理新闻业务时要从有利于全党全国工作大局着眼，加强宏观新闻意识。五是讲究宣传艺术，提高引导水平。新闻工作者要做到知识广博，视野开阔，精通业务，遵纪守法，讲究宣传艺术，提高引导艺术。

在新形势下坚持政治家办报办台

在新的形势下贯彻政治家办报办台方针，要坚持党管干部、党管人才的方针，确保各级各类新闻机构的领导权牢牢掌握在忠于马克思主义、忠于党和人民的人手里。坚持政治家办报办台，就要适应新时期新闻舆论工作的需要，高标准地搞好新闻队伍建设。新闻工作者，特别是共产党员和领导干部，必须努力提高自己的思想政治素质和业务素质。

新闻工作者要打好理论路线根底。要坚持马列主义、毛泽东思想和中国特色社会主义理论体系，坚持党的基本路线，用以指导自己的思想和工作。理论路线根底打好了，不管情况多么复杂，形势怎样变化，都会保持坚定正确的政治立场和政治方向。

要打好政策法规纪律根底。要牢牢掌握中央的方针政策，牢牢掌握国家的法律法规，严守新闻工作纪律。新闻工作是政治性、政策性极强的工作，新闻工作者如果对党的方针政策和国家的法律法规不懂不熟悉，那就宣传不好，甚至出现误导，给党和人民的事业带来不应有的损失。

要打好群众观点根底。新闻工作、党报工作，说到底，也是群众工作，是我们党联系群众的重要纽带。密切联系群众，是新闻工作者的必修课和基本功。大家要树立牢固的群众观点，同广大人民群众同呼吸，共命运，善于做调查研究工作，紧扣时代的脉搏，倾听群众的心声，多写反映改革开放和社会主义现代化建设的好作品。

要打好知识根底。知识就是力量。新闻工作者首先要努力掌握与自己的业务工作直接有关的知识，同时，还要博览群书，哲学、政治、经济、法律、历史、文学等方面的书籍都应读一些，科技知识也应尽可能多学一些。党的新闻队伍中应该多出一些既懂政治、学识又渊博的编辑、记者、评论员。

要打好新闻业务根底。新闻工作，无论编辑、采访，都需要有业务能力，特别是要有很好的文学修养。现在，媒体刊播的许多报道，主题好，内容好，语言也很精彩，使人在受教育的同时，也得到美的享受。但是也有一部分新闻作品，不讲究辞章文采，文字干巴巴的，翻来覆去老是那么几句套话，也有的哗众取宠，乱造概念，词句离奇，使人看不懂，这种不良文风应加以纠正。要大力提倡新闻工作者苦练基本功。

七、新闻真实性原则

复习要点提示

- 掌握新闻定义的内涵。
- 掌握新闻真实的具体要求和本质要求。
- 了解实事求是新闻工作的根本出发点。
- 掌握新闻准确、全面、客观、公正的报道原则。
- 深入理解新闻报道必须以事实为依据。
- 了解当前新闻真实性方面存在的问题，并掌握如何坚持新闻的真实性。

新闻是新近发生的事实的报道

新闻是新近发生的事实的报道。这个定义是我国现在普遍沿用的陆定一同志在《我们对于新闻学的基本观点》一文中提出的概念。

新闻定义的内涵

这一定义明确而简洁地说明和规定了新闻的根本特性——对事实的报道，并且是对真实、新鲜事实的报道，突出了新闻"真"与"新"的个性特征，具有理论和实践的双重意义。新闻定义的内涵明确简洁地概括了新闻的特点。

首先，事实是新闻的本源，新闻的内容和形式都离不开事实。从内容上说，新闻必须是以事实为根据的真实信息；从形式来说，新闻必须用事实说话。

其次，新闻必须具有新意。构成新闻的事实，要能满足人们未知、欲知、应知的需要。

第三，新闻并非事实本身，而是对事实的报道，是新闻报道者对客观事实的一种反映。

第四，新闻必须是公开传播的事实，只有采用新闻手段，通过新闻渠道传播的事实，才能成为新闻。如果报道在小范围或内部传播，就不能构成新闻。

第五，报道及时。新闻必须注重时效，失去时效，新闻就会成为旧闻。

真实是新闻的生命

真实是新闻的生命。坚持新闻报道的真实性，是社会主义新闻事业必须始终遵循的一条基本原则。坚持新闻真实是新闻媒体取得公众信任的前提，是新闻工作者职业道德的基本要求，是新闻事业存在和发展的根本立足点。新闻是面向社会的信息传播，新闻真实不仅关系到社会成员的利益，而且关系到社会的稳定和国家的利益。失实的新闻报道是新闻工作的大敌，是社会的公害。坚持新闻的真实性，是新闻事业一项不可动摇的基本原则，必须坚持不懈，持之以恒。

新闻真实的具体要求和本质要求

新闻真实的基本含义就是：客观事实是新闻的本源，新闻是对客观事实的真实反映。

新闻真实的具体要求是：对事实的报道必须准确无误。主要包括四个方面的内容：

第一，构成新闻的要素"五个 W"要准确无误。也就是说，新闻中的事实无论是时间、地点、人物还是事件发生、变化的原因，都应当是实实在在、确凿有据的，不能有半点误差。这些都是新闻报道的事实的元件，必须准确。

第二，事实的细节描述要有根有据，符合实际。比如事实表现出来的特征、状态及数量，人物的语言、外貌、动作等，都必须完全真实，不能想当然地"笔下生花""合理想象"。

第三，新闻中使用的背景材料要真实可靠。背景材料应与事实直接相关，而不是牵强附会随意选取的。背景材料所涉及的时间、地点、人物、数字、语言、引文，都应当可查可考，不能任意编造。

第四，新闻中所概括的事实要符合客观实际。概括的事实常常具有归纳、综合的特点，是为了更好地描述事实的总体特征和整体面貌。但它必须真实、准确，符合实际，决不能以点代面，以偏概全。

新闻真实的本质要求是：本质真实。

所谓本质真实，是指新闻报道要反映出事物的内在品质和规律。社会主义的新闻报道确实有一个反映生活本质、时代本质和历史本质的问题。对本质真实的要求是有条件的，并非所有的新闻报道都要做到反映事物的本质。其实，大量的深度报道，包括一些解释性报道、评述性报道、调查性报道以及工作通讯、事件通讯、新闻评述，等等，都属于将现象真实与本质真实相结合的报道。本质真实是指新闻报道要反映出事物的内在品质和规律。新闻报道不能仅仅要求报道事物的表面的、现象的真实，而应当尽可能做到全面、深刻地反映事物的内在品质和规律，即应力求做到对所报道事物的整体上、宏观上和本质上的把握。这既是整体真实、宏观真实的含义，也是本质真实的含义。

实事求是是新闻工作的根本出发点

实事求是是马克思主义的思想基础，是中国共产党的思想路线，也是我国社会主义新闻工作的根本出发点。在新闻工作中坚持实事求是，就是要坚持党性和真实性的一致性。显示生活是复杂的，要找几个事例来证明某个观点并不难。一叶障目，不见泰山，抓住一点，不及具余，尽管这一叶、一点确实在，但从总体上来看却背离了真实性。新闻工作者要做到全面真实地反映生活，必须从整体上、大局上看问题。要防止搜奇猎异，防止捕风捉影。

坚持准确、全面、客观、公正的报道原则

新闻报道要坚持准确、全面、客观、公正的报道原则，这是新闻传播内在规律的要求，也是社会主义新闻事业普遍遵循的一条原则。

准确：是相对错误而言的。报道新闻时事实必须准确无误。这里包括构成新闻的要素要准确无误；事实的细节描述要有根有据，符合实际；新闻中使用的背景材料要真实可靠；新闻中所概括的事实要符合客观实际。

全面：是相对片面而言的。任何事物都不是孤立地存在的，而是相互联系的；任何事物又都是矛盾的统一体，可以一分为二的。新闻报道选择事实时，应从事实的全部总和中去把握事实，从事实的相互联系中准确地描述事实，而不是孤立地、静止地、片面

地看待事实。

客观：是相对主观而言的。新闻报道应从客观实际出发，客观地描述事实的状态、特征、变化、内在的因果关系及事物之间的联系，从而使报道的事实符合实际；而不应从主观意愿出发，任意摆弄客观存在的事实，或以主观意见代替客观事实。

公正：是指新闻报道应秉持公平的、平等的态度。报道事实时，不能以一己之利或一己之见决定取舍。当人民群众对所报道的事实以及对事实所作的评论出现意见分歧时，应尊重他们表达意见的权利，保持公正的立场。

准确、全面、客观、公正虽有各自的内涵和要求，但四者之间是互相联系的。世界上并没有什么完全孤立的事件，而总是在全局、整体中存在着，在事件与事件的相互联系中不断发展变化着，没有对客观事实的全面把握和真实报道，自然谈不上什么客观与公平；只有坚持客观报道，坚守公正立场，才能自觉地、准确地把握事实，并作出真实、全面的报道，从而赢得人民群众的信任。

当前新闻真实性方面存在的问题

坚守新闻真实性是国际新闻界共同的"铁律"。我国新闻媒体是人民利益的代表，每个负责任的新闻机构，每个新闻从业人员，都必须坚持新闻真实性原则。但是，在新闻实践中，新闻失实一直伴随新闻业的发展历程，新闻失实成了中外新闻界的一种顽症。新闻失实是指新闻报道脱离和违背客观事实，未能反映事实真相的现象。新闻失实是导致新闻侵权、新闻犯罪的重要原因，严重损害媒体公信力。新闻失实可能制造社会矛盾，破坏社会政治、经济、文化的良性发展。

新闻失实的表现有两种：一是非故意性失实，没有主观故意，原始材料失实。二是故意性失实，主观失实。如，无中生有，凭空捏造；道听途说，以讹传讹；要件残缺，隐瞒事实；偷梁换柱，移花接木；歪曲真相，耸人听闻；添枝加叶，层层拔高；不懂装懂，因果不符等。

新闻失实的原因是多方面的。不仅有新闻工作者自身在观念、素质和作风方面的问题，更有着深刻的社会、政治、经济原因。如，传播者服务于特定政治需要，政治、经济、军事势力对新闻传媒的威逼利诱制造假新闻。媒介组织片面追求经济效益，"有偿新闻"和"有偿不闻"。社会不正风气影响，有人为了名利或报复，欺骗和利用新闻媒介和传播者。新闻工作者的专业素养和职业精神问题。采访不深入，核查不严格；思想方法片面，为突出主题不惜随意吹嘘或贬抑；"合理想象"，为抢时效，牺牲真实；知识不足，自以为是；名利思想作怪，受到钱权利诱。

进入互联网时代以后，虚假新闻也开始带有强烈的网络时代特征，它的发生原因、传播轨迹乃至揭发、证伪机制都具有鲜明的互联网特色。作为一种新的传播平台，互联网既为虚假新闻的制造与传播提供了许多便利，也为虚假新闻的揭发和纠错增加了可能。互联网对传统新闻业的冲击和改造之势不可逆转，这也意味着未来的虚假新闻将会更加深刻地与互联网纠缠在一起。

目前尽管虚假新闻的表现形态不同，但一个无可回避的现实是，造成媒体虚假新闻的原因绝非无解的难题，而往往是因为一些新闻业务的基础工作没有做到位，比如媒体在采访方面的失范。现代新闻业发展的一个重要标志就是采访行为的出现，它使得新闻记者真正成为一门职业，也是新闻不断迈向专业化过程的一个重要标志。经过上百年的新闻实践，新闻业已经形成了一套行之有效的新闻常规或惯例。互联网的出现固然便利了记者的新闻采访，但绝没有降低对新闻采访的规范标准，某种程度上反而提高了要求。新闻媒体及从业人员必须在保证速度的同时，力求信息的准确、平衡和客观。相关案例则表明，一些新闻媒体和记者有意或无意地忽略了这些最基本的要求。要么懒得采访或索性不做采访，直接将网络信息搬到报纸版面；即使做采访，也往往缺乏探求质疑和核实精神，浮于事实的表面。他们极大地依赖互联网用户提供的内容进行新闻生产，却忘记了严谨规范的新闻采访才是区分专业与业余的核心技能。

如何坚持新闻的真实性

1. 以辩证唯物主义反映论指导新闻工作

一切新闻报道都必须如实地报道事实的真相，客观地反映事物的本来面目。内容真实是新闻存在的基本条件，也是新闻报道的基本要求。真实对于新闻发挥影响力起着决定性作用，是新闻报道所追求的重要目标，真实性自然也成为一切新闻传媒普遍提倡的一项基本原则。

新闻真实性的内涵就是以事实为基础和依据来报道新闻，其本质就是一切从实际出发，坚持唯物论的反映论，用辩证唯物主义和历史唯物主义的方法如实地反映客观事物的本来面目。

2. 新闻报道必须以事实为依据

马克思主义世界观认为，世界是物质的，客观的物质存在决定主观的思想意识。这一基本观点体现在新闻工作中，就是要求新闻报道要坚持实事求是，一切从实际出发，把客观事实作为新闻的本源，真正做到依据现实生活，依据物质存在，依据客观事实来反映和报道新闻。

有事实才能写新闻，没有事实就不能写新闻；有什么样的事实写什么样的新闻，按事物的本来面目进行描述；已经发生和正在发生的事实才能成为新闻报道的对象，尚未变为现实的猜测和设想不能成为新闻报道的对象。新闻的本源是事实，事实是产生新闻的根源，是构成新闻的根本因素。有了事实的发生、变动，才有新闻；没有事实，就没有新闻。新闻是通过真实地报道事实来完成自己使命的。

与事实相比，新闻是派生的。事实在先，新闻在后。事实是第一性的，新闻是第二性的。明确这一理论观点，正确处理新闻报道中事实和思想观点之间的关系，是对新闻工作者的一项基本要求。新闻工作者必须对事实采取老老实实的态度，尊重客观事实，事实是怎么样的，新闻报道就应该怎么样。如果在思想认识上颠倒了事实与新闻的关系，就会导致新闻报道的主观主义倾向，为歪曲事实、制造假新闻提供依据。

3. 新闻手段

新闻事业属于思想上层建筑，它是通过特有的新闻手段反映社会生活的。这里所说的新闻手段是指消息、通讯、评论、新闻图片、标题、版面及节目编排等传播形式的总称，它们是新闻媒体进行新闻报道时普遍使用的手段。新闻手段最显著的特点就是报道事实，就事实发表评论，并以此区别于其他社会意识形式。它不能强迫人们信奉或放弃某种思想、某种观点，只能通过摆事实、讲道理来影响或说服受众。

新闻不同于艺术，就是要通过事实，运用新闻手段，来达到其社会功能。

4. 客观报道

客观报道就是记者在新闻中只报道发生的事实和别人对这些事实的评价，而不直接发表自己的意见。我国新闻研究界经常用恩格斯的一段话解释这一报道方式，即"完全立足于事实，只引用事实和直接以事实为根据的判断，——由这样的判断进一步得出的结论本身仍然是明显的事实。"

客观报道的主要特征可以归纳为"用事实说话"。这里面有两层含义：第一，新闻中报道的必须是而且只能是事实。"必须是事实"是新闻的基本要求，"只能是事实"是记者在报道中不直接发表自己的议论和意见，而只报道发生的事实及其相关人物的言行。第二，新闻可以"说话"，即有自己的倾向性，但只能通过"事实"去体现。

客观报道的手法符合新闻规律，符合新闻真实的基本要求。

5. 全面把握和正确反映社会生活的本质和主流

新闻报道必须坚持辩证唯物主义和历史唯物主义的世界观、方法论，遵循新闻反映社会生活的运动规律，在把握具体事实真实的前提下，从事实的相互联系以及事实的总和中把握事实的整体真实；在反映事物外部状况的同时，反映事物的内在本质；在了解事物个别现象的过程中，深入了解事物现象的内在联系。要经过认真的分析、综合、比较、鉴别，在弄清楚事物的各个方面之后再作出判断。新闻工作者要做到全面真实地反映生活，就要从整体上、大局上看问题，正确反映社会生活的本质和主流。

6. 发扬深入实际、调查研究、求真务实、实事求是的作风

社会主义新闻事业有责任向党和人民及时报道社会主义现代

化建设中出现的新情况、新成就、新经验和新问题，及时传递世界上有关政治、经济、文化等方面的重要信息，在对客观实际情况有切实了解的基础上，新闻工作者才能提出真知灼见，才能提出正确的、有助于解决实际问题的意见和建议。

深入实际、深入生活、深入群众，认真细致地开展调查研究，是新闻工作者的一项基本功，是衡量其工作态度、成绩优劣的重要标准。坚持调查研究，有助于提高新闻工作者对社会多样性和复杂性的认识，增长对社会的全面了解，有助于提高调查研究的水平，培养求真务实、实事求是的良好工作作风。

八、新闻价值

- 了解新闻价值的含义。
- 了解新闻价值的要素。
- 掌握新闻价值的客观性与综合性。

新闻价值的含义

新闻价值是指事实所包含的足以构成新闻的种种特殊素质的总和。这些特殊素质的共同特征是：能引起广大受众的共同兴趣，能为广大受众所关注。因此，新闻价值的根本着眼点就是广大受众的普遍关注，它是我们衡量事实是否能成为新闻的一条重要标准。

新闻价值作为新闻学中的一个基本概念，主要基于以下原因被提出：一是无限的事实和有限的传播渠道存在矛盾，二是传播者的选择和广大受众需要之间的矛盾。

新闻价值的概念是在 1918 年开始引进中国的，但后来也有相当长的一段时间，被当作资产阶级的新闻观加以摒弃。直到 1978 年十一届三中全会以后，新闻界才重新开始了对它的讨论。现在，新闻价值作为新闻理论的一个基本问题，地位已经确立。正确认识和把握新闻价值，对于新闻传播活动至关重要。

新闻价值的要素

（1）时新性：时新性有两层含义，一是指事实在时间上是新近发生的，二是指事实在内容上是新鲜未知的。

（2）重要性：指事实信息内容的重要程度，即事实所包含的社会意义。事实信息内容越重要，新闻价值越大。判定某一事实信息内容重要与否的标准，主要看其政治或社会意义的大小，及其对社会与公众产生的影响程度。对越多的人产生越大的影响，政治或社会意义越大，新闻价值也就越大。

（3）显著性：指事实信息中的人物、地点和事件的知名程度。越是著名、越是显要、越是突出的人物、地点和事件，越能吸引受众，新闻价值也越大。

（4）接近性：指事实信息内容与受众的接近程度。事实信息内容与受众在心理、利益和地理上越是接近和相关，其新闻价值越大。受众对与自己的心理和利益及所处地理环境接近的事实信息更感兴趣。

（5）趣味性（或人情味）：趣味性是指事实信息内容引起受众产生兴趣的程度。越是受众感兴趣的事实信息，新闻价值越大。

新闻价值的客观性与综合性

新闻价值的客观性指事实本身所具有的足以构成新闻的各种特殊素质是客观的，不以传播者的主观需要而增减。一是事实本身确实包含有这些素质，二是它能否成为新闻是由受众而不是由传播者的主观意志所决定的。但是，衡量客观存在的新闻价值，却是取决于新闻工作者的主观是否能够正确地反映客观。

新闻价值的综合性指受众在选择和判断事实时所反映出来的需求欲望、价值观念、社会心理等，总是受到一定社会的经济、政治和文化的制约。具体判断新闻价值，不仅包括信息价值，而且包括宣传舆论价值、文化教育价值，它是一个综合判断的过程。

新闻价值取向

新闻价值取向：人们对事实的新闻价值的评价尺度与标准。新闻价值选择的基本出发点是考虑受众的需要，因为只有能够适应和满足受众兴趣与需要的事实信息才具有新闻价值。因此，新闻传播者在新闻价值选择的过程中要善于掌握受众的心理，了解受众的兴趣与需要。新闻产品能否实现其价值，最终取决于它适应新闻市场需要的程度和结果，因此，新闻价值选择需要考虑一定时期新闻市场的需求和取向。新闻传播的主体是新闻传播者，新闻价值的选择也主要是通过新闻传播者来进行的。虽然新闻价值具有客观性，一条新闻其价值的大小是客观存在于构成这条新闻的事实信息之中的，但掌握了新闻价值理论，具有新闻价值选择与判断实践经验的新闻传播者在新闻价值的选择与判断过程中具有重要的作用。在新闻传播过程中，社会控制体现在一定的社会组织和社会机构对于传播内容和传播形式的制约和限制。这种制约和限制会直接影响到新闻价值的选择和判断。任何新闻媒介要想使其传播内容及传播行为得以顺利实现和完成，都必须以不违反社会控制者的制约和限制为条件。

九、新闻事业的性质

复习要点提示

- 了解新闻事业的含义。
- 了解新闻事业的性质。

新闻事业是一切新闻机构及其全部业务活动的总称。现代新闻事业包括报社、广播电台、电视台、新闻通讯社、新闻图片社、新闻杂志社、新闻纪录电影制片厂、互联网新闻网站等新闻机构及其业务活动。广义的新闻事业还包括新闻教育和研究机构及其教学、教育和学术研究活动。

新闻事业是一定社会的经济基础通过新闻手段的反映

新闻事业作为上层建筑的一部分，它产生于一定社会的经济基础，是一定社会的经济基础通过新闻手段的反映，同时，它又反作用于这一经济基础，并为这一经济基础服务，成为特定主体不可或缺的信息媒介和舆论工具。

新闻事业属于上层建筑意识形态范畴

按照马克思主义社会结构理论，新闻事业在社会结构当中不处于生产力层次，而是处于上层建筑层次。马克思主义社会结构理论认为，建立在一定社会经济基础上的上层建筑分为两个部分，一是政治上层建筑，二是思想上层建筑，也就是意识形态。新闻事业属于上层建筑意识形态范畴。

新闻事业是综合国力和国家形象的体现

新闻事业体现综合国力，主要在以下几个方面：一是信息力，新闻媒介是信息力的承载机构。二是舆论力，新闻媒介汇集与反映民意，是舆论的引导者，可以调动更多参与国家发展的力量。三是产业力，新闻事业为我国创造了巨大的经济效益与社会效益，为社会稳定提供了大量的工作岗位。四是文化力，新闻媒介作为最直接的文化因素，直接影响民族精神的培育与公民素质的养成。

新闻事业的产业属性

新闻事业的产业属性体现的是从新闻事业中剥离出来的经营部分作为信息与文化经营机构的特征。从新闻事业产生和发展的过程看，新闻媒体作为一种信息传媒，具有一定的产业属性。历史上最早的资本主义商业报纸，一开始就具有鲜明的商品特征，它被作为刊载信息的商品出售给消费者——读者。后来面向社会公众出版的大众化报纸，其产业属性更为明显。如今，随着西方国家新闻媒体的高度垄断化，新闻事业所获得的经济效益也越来越大，已发展成为一种重要产业。在我国，随着社会主义市场经济体制的建立，从新闻事业中剥离出来的属于经营的部分，如广告、发行、社会信息服务等，也呈现出了产业属性。

　　但是新闻事业又有别于一般的产业和企业，因为它生产的多为体现不同程度意识形态属性的或公益性的精神产品。这就要求新闻媒体正确处理社会效益和经济效益的关系，坚持把社会效益放在首位，在确保社会效益的前提下，努力实现社会效益与经济效益的统一。

十、贴近实际、贴近生活、贴近群众

- 了解"三贴近"原则的含义和基本要求。
- 理解按照"三贴近"原则加强和改进新闻宣传工作。

"三贴近"原则的含义和基本要求

贴近实际，就是新闻工作要立足于社会主义初级阶段这个最大的实际，始终坚持解放思想，实事求是，与时俱进，紧跟时代步伐，适应现阶段经济、政治、文化发展的实际状况和要求，适应不断发展变化的客观现实，真实反映改革开放和现代化建设的实践，坚持把发展作为第一要务，更好地为党和国家的中心工作服务，为大局服务。要树立实践的观点，把回答和解决实践提出的重大课题作为新闻宣传工作的中心任务，从实际出发部署工作，按实际需要推进工作，以实际效果检验工作，使新闻宣传工作更加具体实在，扎实深入。

贴近生活，就是新闻工作者要深入到火热的现实生活中去，深入到社会经济、政治、文化生活和人民群众的日常生活中去，反映客观现实，把握社会主流，解决具体矛盾，更好地融入生活、服务生活、引导生活。要始终把工作视点对准火热的生活，关注朴素平凡的生活细节，聚焦丰富多彩的生活场景，从现实生活中挖掘生动事例，汲取新鲜营养，展示未来生活的美好前景，激励人民群众同心协力，奋发图强，为创造更加美好的新生活而共同奋斗，使新闻报道更加入情入理，充满生活色彩，富有生活气息。

贴近群众，就是新闻工作要深深扎根于群众之中，想群众之所想，急群众之所急，办群众之所盼，充分体现群众意愿，满足群众需求，把握群众脉搏，说群众想说的话，讲群众能懂的话，为群众提供想看爱看、健康向上的精神文化产品，更好地代表最广大人民群众的根本利益。要牢固树立群众观点，权为民所用、利为民所谋、情为民所系，以群众满意不满意、高兴不高兴、赞成不赞成、答应不答应作为根本出发点和落脚点，多联系群众身边的事例，多反映群众的切身感受，要把镜头对准基层，把版面留给群众，多运用群众熟悉的语言，多用群众喜闻乐见的形式，使新闻宣传工作更加亲切可信，深入人心。

按照"三贴近"原则加强和改进新闻宣传工作

坚持"三贴近"原则，是新世纪新阶段加强和改进新闻工作的重要突破口，是加强和改进新闻工作的主要着力点，是提高引导水平和宣传艺术的可靠途径，是新闻工作必须长期坚持的工作原则。

坚持"三贴近"原则，提高引导水平，要注意在内容上创新，改进宣传报道。落实"三贴近"的要求，改进新闻宣传工作，是实践性很强的重要工作。为此，我们必须做到：一要对长期以来积淀而成的落伍的新闻观念、新闻报道方式和新闻活动模式，进行突破与改革；二要以是否贴近实际、贴近生活、贴近群众，作为衡量我们舆论引领水平的根本标准；三要调动包括内容、表述、标题、评论、按语、图表、摄影、漫画等"新闻全要素"，以生动活泼的方式报道新闻；四要以新科技革命的手段，提升新闻宣传的力度、强度和高度，促进新闻队伍整体素质的提高。

坚持"三贴近"原则，提高引导水平，要注意在方法上创新。新闻工作要通过反映群众呼声，满足群众的日常需求，排解群众的现实困难，为群众解疑释惑，实实在在为群众讲话来实现。新闻工作要把党的主张变为广大受众能够接受、愿意接受的观念，并且"内化"为自觉的行动，就必须按新闻规律办事，运用各种生动活泼的新闻手段，在强化与群众利益的相关性和提高受众的兴趣性等方面下工夫，把党的意志转变为群众的语言、新闻的语言，使之入耳入脑。

坚持"三贴近"原则，提高引导水平，要注意在体制上创新。要积极探索建立新形势下保证正确导向、富有经营活力的微观运行机制，完善新闻宣传宏观管理体制，健全突发事件新闻报道工作的快速反应和应急协调机制。要立足长远、瞄准目标，有计划、按步骤地推进新闻工作全面、协调、可持续地发展。党报、党刊、广播电台、电视台等主流媒体必须坚持高格调、高品位，去发掘和发布真正合乎先进生产力发展要求、先进文化前进方向的鲜活生动的真新闻，以权威、深刻彰显其影响力，去影响有影响力的人群，进而引导广大人民群众认识自己的根本利益并为之不懈奋斗。

十一、社会效益第一，
社会效益与经济效益统一

复习要点提示

● 深入理解社会效益与经济效益的统一。

坚持把社会效益放在首位，努力实现社会效益与经济效益的统一

社会主义新闻事业的基本性质、指导方针、根本任务，决定了我国新闻工作者必须始终坚持把社会效益放在首位。党的新闻事业是党、政府和人民的喉舌，党的新闻事业与党休戚与共，是党的生命的一部分。可以说，舆论工作就是思想政治工作，是党和国家的前途和命运所系的工作。党的新闻传播事业要始终为人民服务，为社会主义服务，为世界的和平与发展服务。新闻传播事业是党和国家工作大局的体现者，必须做顾全大局和维护大局的忠诚战士。

在社会主义市场经济条件下，要正确处理好新闻传播事业与社会主义现代化建设中其他各项工作的主从、轻重、缓急等具体关系，充分发挥新闻传播事业的服务功能，同时又能使新闻传播事业与其他各项工作协调发展。作为社会主义现代化建设的重要组成部分，新闻传播事业尤其在精神文明建设方面负有特殊使命。

新闻传播事业的产品是精神文化产品，它应该以社会效益为最高原则。强调和突出社会效益，就是要求新闻宣传在任何情况下都要坚持党性原则不动摇，都要始终不渝地坚持为人民服务、为社会主义服务的方向。只有坚持精神产品以社会效益为最高准则，新闻传播才能真正做到贴近实际、贴近生活、贴近群众，增强吸引力和感染力，从而使新闻事业适应社会主义市场经济的发展要求，适应社会主义精神文明和政治文明的发展要求，努力争取社会效益和经济效益的双赢局面。

坚持把社会效益放在首位，努力实现社会效益与经济效益的统一，是马克思主义新闻观的一贯主张。马克思主义的经典论述表明，新闻媒体既要积极引导舆论，保持正确导向，又要讲究成本、效益和投入、产出的经济原则。社会效益和经济效益是良性互动、共同发展这一循环链条上的两个重要环节，一个也不能忽视。

新闻事业属于先进文化的范畴。凡先进文化，都可以促进生产力的发展，而生产力的发展，会创造大量的物质财富，满足人民的需要，也就实现了人民的利益。这是精神和物质相互转换的辩证关系所使然，无论是精神财富还是物质财富，都是满足广大人民根本利益的必需品。提高经济效益，是新闻媒体自身发展和壮大的客观需要，因此，要遵循新闻工作内在规律和社会主义市场经济体制的要求，重视经济规律的作用，逐步改善和加强媒体的经营工作。各级党委都要高度重视文化体制改革工作，根据社会主义精神文明建设的特点和规律，适应社会主义市场经济发展的要求，积极稳妥地推进。要适应发展社会主义市场经济、深化文化体制改革的新形势，立足我国国情，借鉴各国经验，加强宣传文化领域的法制建设，为宣传文化事业的健康发展创造良好的法制环境。

　　坚持把社会效益放在首位，要科学对待和正确处理"两个效益"的矛盾。当两者发生矛盾的时候，要坚定不移地把社会效益放在首位，使经济效益服从社会效益。要树立科学发展观，推动新闻事业不断前进，努力实现社会效益与经济效益的统一。

十二、文艺方针政策

复习要点提示

● 熟悉"二为"方向和"双百"方针。

● 了解弘扬主旋律，提倡多样化的关系。

"二为"方向

"二为"方向即文艺要坚持"为人民服务、为社会主义服务"的方向。

"为人民服务、为社会主义服务"和"百花齐放、百家争鸣"，是我党在社会主义建设新时期文艺的基本方针。它们深刻反映了我国文艺的发展规律，是文化艺术事业繁荣兴旺的重要保证。

文艺为什么人的问题，不仅决定着文艺工作的目标和方向，也决定着文艺的性质。马克思主义要求文艺为人民群众服务。列宁在《党的组织和党的出版物》中要求无产阶级文艺"为千千万万劳动人民服务"，毛泽东在延安文艺座谈会上也指出，文艺必须为"人民大众"服务。但建国后一段时间，由于对"人民"的概念理解过于狭窄，以及过于强调文艺的政治功能等，出现了"文艺为工农兵服务、为政治服务"的提法，对文艺事业的发展产生了不利影响。改革开放以后，为适应新形势的发展需要，繁荣社会主义文艺事业，党中央明确了"文艺为人民服务、为社会主义服务"的方向，以取代"文艺为工农兵服务、为政治服务"的提法。
1980 年 7 月 26 日，《人民日报》发表《文艺为人民服务、为社会
主义服务》的社论，正式提出了"二为"方向这一文艺工作的根
本方针。

为人民服务、为社会主义服务，概括了文艺工作的根本目的，
它不仅比较完整地反映了社会主义时期对文艺的历史要求，而且
更符合文艺的发展规律。"为人民服务"着重强调文艺同人民的
关系，从服务对象上指明了文艺工作的根本方向；"为社会主义
服务"着重强调文艺同社会主义制度和理想之间的关系，从服务
内容上指明了文艺工作的性质及其时代特点和社会功能。二者从
根本上是一致的。因为人民是建设社会主义的主体，社会主义事
业就是人民的事业。为人民服务也就是为人民的社会主义事业服
务，为社会主义服务也就是为人民服务。在文艺工作中坚持"二为"
方向，要牢固树立"人民是文艺工作者的母亲""人民需要艺术，
艺术更需要人民"的思想，永远保持与人民群众的血肉联系，在
人民的历史创造中进行艺术的创造，在人民的进步中造就艺术的
进步。要满腔热情地把广大人民群众作为表现对象，努力塑造社
会主义新人。要全心全意地把广大人民群众作为服务对象，为他
们提供最好的精神食粮和优质的文化服务。

不提文艺为政治服务，并不是说文艺可以脱离政治。强调文
艺为人民服务、为社会主义服务本身就体现了鲜明的政治倾向性。
郑重地考虑作品的社会效果，把美好的精神食粮奉献给人民，是
马克思主义政治对文艺工作者的基本要求。广大文艺工作者应当
追求真理、反对谬误，歌颂美善、反对丑恶，崇尚科学、反对愚昧，
坚持创新、反对守旧，努力成为先进文化的创造者、传播者和实
践者。

"双百"方针

"双百"方针即"百花齐放、百家争鸣"。

作为我们党繁荣科学文化的基本方针，"双百"方针由毛泽东同志在《论十大关系》中最早提出，此后又在《关于正确处理人民内部矛盾的问题》和《在中国共产党全国宣传工作会议上的讲话》中，得到进一步系统论述。毛泽东指出："艺术上不同的形式和风格可以自由发展，科学上不同的学派可以自由争论。利用行政力量，强制推行一种风格，一种学派，禁止另一种风格，另一种学派，我们认为会有害于艺术和科学的发展。艺术和科学中的是非问题，应当通过艺术界科学界的自由讨论去解决，通过艺术和科学的实践去解决，而不应当采取简单的方法去解决。"（毛泽东：《关于正确处理人民内部矛盾的问题》，《毛泽东文集》第7卷，第229页。）邓小平同志强调："在艺术创作上提倡不同形式和风格的自由发展，在艺术理论上提倡不同观点和学派的自由讨论。"（邓小平：《在中国文学艺术工作者第四次代表大会上的祝辞》，《邓小平文选》第2卷，第210页。）坚持"双百"方针，就是要在宪法和法律允许的范围内，充分尊重作家、艺术家的创造性劳动，切实保障创作自由和评论自由，提倡不同学术观点、艺术流派的争鸣和切磋，提倡健康说理的文艺批评。

"双百"方针是人类科学文化发展规律的生动概括，是民主精神、群众路线在文化艺术工作中的具体体现。它是尊重文化艺术规律、促进社会主义文艺事业发展和繁荣的方针，为广大文艺工作者发挥自己的聪明才智提供了广阔天地。它有利于坚持解放思想、实事求是、与时俱进的思想路线，营造勇于探索和创新的活跃气氛，充分调动广大文艺工作者的积极性和创造性。

弘扬主旋律，提倡多样化

弘扬主旋律，提倡多样化，是坚持"二为"方向和"双百"方针的具体体现，是社会主义文艺发展的内在要求。主旋律是一种比喻的说法，如同一首大型交响乐一定要有主曲调和主声部。任何时代都有体现时代精神的主潮。社会主义文艺在多样化的发展中，一定要有重点，有主调，有处于主导地位的方面。社会主义是人类发展史的新阶段，社会主义文艺必然要体现社会主义社会的思想体系、价值观念、道德准则，表达新的审美理想，高扬社会主义时代精神。从文艺发展史来看，一切优秀作品，都反映了人民最深刻的心灵呼唤和时代最迫切的前进要求，都是隽永艺术魅力与现实社会进步相结合的结晶，都是作家、艺术家的思想感情与创作灵感为时代和生活深刻感召的产物。这些反映历史发展趋势、表达时代精神、渗透社会理想的文艺作品因而成为人类的文明之花，成为世界文化遗产中的精华。

在当前，弘扬主旋律就是要在文艺创作中大力倡导一切有利于发扬爱国主义、集体主义、社会主义的思想和精神，大力倡导一切有利于改革开放和现代化建设的思想和精神，大力倡导一切有利于民族团结、社会进步、人民幸福的思想和精神，大力倡导一切用诚实劳动争取美好生活的思想和精神。在弘扬主旋律的同时，要提倡多样化。社会生活丰富多彩，人民群众的精神文化需求日趋多样，文艺工作者的思想修养、审美追求、艺术风格也各不相同。这说明，文艺的多样化是由社会和文艺自身规律决定的。

主旋律和多样化是辩证的、有机的统一。主旋律是时代精神、社会正气和民族品格的集中体现。主旋律必须通过多样化的题材、形式、手法、风格去表现，它本身是丰富多彩、不断创新的。多样化不能与主旋律背道而驰，而是要与主旋律相呼应、相和谐；

多样化应该健康向上，不能宣扬拜金主义、享乐主义、极端个人主义等腐朽落后的东西。要多样化地唱响主旋律，多种题材、主题、样式、风格相互促进，文艺园地才能百花盛开。弘扬主旋律需要寓教于乐，提倡多样化不能降格以求。

主旋律并不是指某种题材，而是指作为我们时代社会发展主潮的，以爱国主义为核心的民族精神和以改革创新为核心的时代精神。弘扬主旋律，要注意防止和克服片面狭隘地理解主旋律的倾向。那种认为只有描写革命历史事件、英雄模范人物的题材才是主旋律的想法和做法，是对主旋律的严重误解。实际上，主旋律所包含的范围很宽广，内容很丰富。不论是现实题材、历史题材、重大题材、日常生活题材，只要选材严、开掘深、构思巧、有创新，反映出时代的思想和精神，都可以奏出主旋律的华彩乐章。我们必须坚持不懈地大力弘扬主旋律，进一步拓展主旋律的内容、题材、形式、风格，增强文艺作品的吸引力和感召力，使主旋律成为文艺创作的主流和时代的最强音。

思想性、艺术性、观赏性三统一

把思想性、艺术性、观赏性统一起来，是艺术作品的基本要求。"三性"统一，第一位的是思想性，思想性是艺术性、观赏性的灵魂，文艺作品的艺术性和观赏性是为思想性服务的。艺术性、观赏性同样重要，如果没有艺术性和观赏性，作品的思想性就难以发挥作用，思想性就难以体现，也难以产生影响。只讲思想性，不讲艺术性、观赏性，作品会让人看不下去；只强调艺术性，不讲究观赏性，作品会让人看不明白。思想性、艺术性、观赏性是相统一的，密不可分的。只有思想性、艺术性、观赏性相统一，文艺作品才有生命力、吸引力、感染力和影响力。

十三、对外宣传工作的基本原则

复习要点提示

● 了解对外宣传工作的基本原则。

对外宣传工作的基本原则，主要有以下五点：

（1）要旗帜鲜明地维护国家利益、民族尊严和祖国统一。

（2）在涉及国家主权和国家利益、民族尊严的问题上，要坚持原则。

（3）要树立坚定的国家意识和大局意识，服从和服务于党和国家的工作大局，服从和服务于我国整体对外战略。

（4）坚持以正面宣传为主、以事实为主、以我为主的方针。

（5）考虑宣传重点内容和工作部署，一定要着眼于增进外国人对中国的理解和支持。

十四、党的十八大以来习近平总书记关于新闻舆论工作与文艺工作的重要讲话

复习要点提示

- 深入把握习近平总书记在全国宣传思想工作会议上的讲话精神。
- 深入把握习近平总书记在文艺工作座谈会上的讲话精神。
- 深入把握习近平总书记视察解放军报社的讲话精神。
- 深入把握习近平总书记在新闻舆论工作座谈会上的讲话精神。
- 深入把握习近平总书记在网络安全和信息化工作座谈会上的讲话精神。
- 深入把握习近平总书记在庆祝中国共产党成立95周年大会上的讲话精神。
- 深入把握习近平总书记在中国文联十大、中国作协九大开幕式上的讲话精神。

习近平总书记在全国宣传思想工作会议上的讲话

2013 年 8 月 19 日，中共中央总书记、国家主席、中央军委主席习近平在全国宣传思想工作会议上发表重要讲话。讲话的主要精神是：

1. 关于开展宣传思想工作的基本遵循

（1）经济建设是党的中心工作，意识形态工作是党的一项极

端重要的工作。

党的十一届三中全会以来，我们党始终坚持以经济建设为中心，集中精力把经济建设搞上去，把人民生活搞上去。只要国内外大势没有发生根本变化，坚持以经济建设为中心就不能也不应该改变。这是坚持党的基本路线一百年不动摇的根本要求，也是解决当代中国一切问题的根本要求。同时，只有物质文明建设和精神文明建设都搞好，国家物质力量和精神力量都增强，全国各族人民物质生活和精神生活都改善，中国特色社会主义事业才能顺利向前推进。

（2）巩固马克思主义在意识形态领域的指导地位，巩固全党全国人民团结奋斗的共同思想基础。

党员、干部要坚定马克思主义、共产主义信仰，脚踏实地为实现党在现阶段的基本纲领而不懈努力，扎扎实实做好每一项工作，取得"接力赛"中我们这一棒的优异成绩。领导干部特别是高级干部要把系统掌握马克思主义基本理论作为看家本领，老老实实、原原本本学习马克思列宁主义、毛泽东思想、邓小平理论、"三个代表"重要思想、科学发展观。党校、干部学院、社会科学院、高校、理论学习中心组等都要把马克思主义作为必修课，成为马克思主义学习、研究、宣传的重要阵地。新干部、年轻干部尤其要抓好理论学习，通过坚持不懈学习，学会运用马克思主义立场、观点、方法观察和解决问题，坚定理想信念。习近平指出，要深入开展中国特色社会主义宣传教育，把全国各族人民团结和凝聚在中国特色社会主义伟大旗帜之下。要加强社会主义核心价值体系建设，积极培育和践行社会主义核心价值观，全面提高公民道德素质，培育知荣辱、讲正气、作奉献、促和谐的良好风尚。

（3）坚持团结稳定鼓劲、正面宣传为主，是宣传思想工作必须遵循的重要方针。

我们正在进行具有许多新的历史特点的伟大斗争，面临的挑战和困难前所未有，必须坚持巩固壮大主流思想舆论，弘扬主旋律，传播正能量，激发全社会团结奋进的强大力量。关键是要提高质量和水平，把握好时、度、效，增强吸引力和感染力，让群众爱听爱看、产生共鸣，充分发挥正面宣传鼓舞人、激励人的作用。在事关大是大非和政治原则问题上，必须增强主动性、掌握主动权、打好主动仗，帮助干部群众划清是非界限、澄清模糊认识。

（4）认真总结经验，长期坚持，并在实践中不断丰富和发展。

在长期实践中，我们党的宣传思想工作积累了十分丰富的经验。这些经验来之不易、弥足珍贵，是做好今后工作的重要遵循，一定要"明者因时而变，知者随事而制"。宣传思想工作创新，重点要抓好理念创新、手段创新、基层工作创新，努力以思想认识新飞跃打开工作新局面，积极探索有利于破解工作难题的新举措新办法，把创新的重心放在基层一线。要继续推进文化体制改革，推动文化事业全面繁荣和文化产业快速发展、建设社会主义文化强国。

2. 关于坚持当前宣传工作重点任务的重要论述

（1）坚持党性。

坚持党性，核心就是坚持正确政治方向，站稳政治立场，坚定宣传党的理论和路线方针政策，坚定宣传中央重大工作部署，坚定宣传中央关于形势的重大分析判断，坚决同党中央保持高度一致，坚决维护中央权威。所有宣传思想部门和单位，所有宣传思想战线上的党员、干部都要旗帜鲜明坚持党性原则。

（2）坚持人民性。

坚持人民性，就是要把实现好、维护好、发展好最广大人民根本利益作为出发点和落脚点，坚持以民为本、以人为本。要树立以人民为中心的工作导向，把服务群众同教育引导群众结合起来，把满足需求同提高素养结合起来，多宣传报道人民群众的伟大奋斗和火热生活，多宣传报道人民群众中涌现出来的先进典型和感人事迹，丰富人民精神世界，增强人民精神力量，满足人民精神需求。

3. 关于落实讲好中国故事，传播好中国声音的宣传目标

（1）引导人们更加全面客观地认识当代中国、看待外部世界。

在全面对外开放的条件下做宣传思想工作，一项重要任务是引导人们更加全面客观地认识当代中国、看待外部世界。宣传阐释中国特色，要讲清楚每个国家和民族的历史传统、文化积淀、基本国情不同，其发展道路必然有着自己的特色；讲清楚中华文化积淀着中华民族最深沉的精神追求，是中华民族生生不息、发展壮大的丰厚滋养；讲清楚中华优秀传统文化是中华民族的突出优势，是我们最深厚的文化软实力；讲清楚中国特色社会主义植根于中华文化沃土、反映中国人民意愿、适应中国和时代发展进步要求，有着深厚历史渊源和广泛现实基础。中华民族创造了源远流长的中华文化，中华民族也一定能够创造出中华文化新的辉煌。独特的文化传统，独特的历史命运，独特的基本国情，注定了我们必然要走适合自己特点的发展道路。对我国传统文化，对国外的东西，要坚持古为今用、洋为中用，去粗取精、去伪存真，经过科学的扬弃后使之为我所用。

（2）加强宣传报道世界形势变化。

对世界形势发展变化，对世界上出现的新事物新情况，对各国出现的新思想新观点新知识，我们要加强宣传报道，以利于积极借鉴人类文明创造的有益成果。要精心做好对外宣传工作，创新对外宣传方式，着力打造融通中外的新概念新范畴新表述，讲

好中国故事，传播好中国声音。

习近平总书记在文艺工作座谈会上的讲话

2014 年 10 月 15 日，中共中央总书记、国家主席、中央军委主席习近平在北京主持召开文艺工作座谈会并发表重要讲话。

习近平分别阐述了五个问题，它们分别是：实现中华民族伟大复兴需要中华文化繁荣兴盛，创作无愧于时代的优秀作品，坚持以人民为中心的创作导向，中国精神是社会主义文艺的灵魂，加强和改进党对文艺工作的领导。主要内容如下：

文艺是时代前进的号角，最能代表一个时代的风貌，最能引领一个时代的风气。实现"两个一百年"奋斗目标、实现中华民族伟大复兴的中国梦，文艺的作用不可替代，文艺工作者大有可为。广大文艺工作者要从这样的高度认识文艺的地位和作用，认识自己所担负的历史使命和责任，坚持以人民为中心的创作导向，努力创作更多无愧于时代的优秀作品，弘扬中国精神、凝聚中国力量，鼓舞全国各族人民朝气蓬勃迈向未来。

文艺事业是党和人民的重要事业，文艺战线是党和人民的重要战线。长期以来，广大文艺工作者致力于文艺创作、表演、研究、传播，在各自领域辛勤耕耘、服务人民，取得了显著成绩，作出了重要贡献。在大家共同努力下，我国文艺园地百花竞放、硕果累累，呈现出繁荣发展的生动景象。习近平向全国文艺工作者致以诚挚的问候。

推动文艺繁荣发展，最根本的是要创作生产出无愧于我们这个伟大民族、伟大时代的优秀作品。文艺工作者应该牢记，创作是自己的中心任务，作品是自己的立身之本，要静下心来、精益求精搞创作，把最好的精神食粮奉献给人民。必须把创作生产优秀作品作为文艺工作的中心环节，努力创作生产更多传播当代中国价值观念、体现中华文化精神、反映中国人审美追求，思想性、艺术性、观赏性有机统一的优秀作品。

改革开放以来，我国文艺创作迎来了新的春天，产生了大量脍炙人口的优秀作品。同时，也不能否认，在文艺创作方面，也存在着有数量缺质量、有"高原"缺"高峰"的现象，存在着抄袭模仿、千篇一律的问题，存在着机械化生产、快餐式消费的问题。文艺不能在市场经济大潮中迷失方向，不能在为什么人的问题上发生偏差，否则文艺就没有生命力。低俗不是通俗，欲望不代表希望，单纯感官娱乐不等于精神快乐。精品之所以"精"，就在于其思想精深、艺术精湛、制作精良。文艺工作者要志存高远，随着时代生活创新，以自己的艺术个性进行创新。要坚持"百花齐放、百家争鸣"的方针，发扬学术民主、艺术民主，营造积极健康、宽松和谐的氛围，提倡不同观点和学派充分讨论，提倡体裁、题材、形式、手段充分发展，推动观念、内容、风格、流派切磋互鉴。

繁荣文艺创作、推动文艺创新，必须有大批德艺双馨的文艺名家。我国作家艺术家应该成为时代风气的先觉者、先行者、先倡者，通过更多有筋骨、有道德、有温度的文艺作品，书写和记录人民的伟大实践、时代的进步要求，彰显信仰之美、崇高之美。文艺工作者要自觉坚守艺术理想，不断提高学养、涵养、修养，加强思想积累、知识储备、文化修养、艺术训练，认真严肃地考虑作品的社会效果，讲品位，重艺德，为历史存正气，为世人弘美德，努力以高尚的职业操守、良好的社会形象、文质兼美的优秀作品赢得人民喜爱和欢迎。

社会主义文艺，从本质上讲，就是人民的文艺。文艺要反映好人民心声，就要坚持为人民服务、为社会主义服务这个根本方向。这是党对文艺战线提出的一项基本要求，也是决定我国文艺事业前途命运的关键。要把满足人民精神文化需求作为文艺和文艺工作的出发点和落脚点，把人民作为文艺表现的主体，把人民作为文艺审美的鉴赏家和评判者，把为人民服务作为文艺工作者的天职。

随着人民生活水平不断提高，人民对包括文艺作品在内的文化产品的质量、品位、风格等的要求也更高了。文学、戏剧、电影、电视、音乐、舞蹈、美术、摄影、书法、曲艺、杂技以及民间文艺、群众文艺等各领域都要跟上时代发展、把握人民需求，以充沛的激情、生动的笔触、优美的旋律、感人的形象创作生产出人民喜闻乐见的优秀作品，让人民精神文化生活不断迈上新台阶。

人民是文艺创作的源头活水，一旦离开人民，文艺就会变成无根的浮萍、无病的呻吟、无魂的躯壳。能不能搞出优秀作品，最根本的决定于是否能为人民抒写、为人民抒情、为人民抒怀。要虚心向人民学习、向生活学习，从人民的伟大实践和丰富多彩的生活中汲取营养，不断进行生活和艺术的积累，不断进行美的发现和美的创造。要始终把人民的冷暖、人民的幸福放在心中，把人民的喜怒哀乐倾注在自己的笔端，讴歌奋斗人生，刻画最美人物，坚定人们对美好生活的憧憬和信心。

文艺工作者要想有成就，就必须自觉与人民同呼吸、共命运、心连心，欢乐着人民的欢乐，忧患着人民的忧患，做人民的孺子牛。对人民，要爱得真挚、爱得彻底、爱得持久，就要深深懂得人民是历史创造者的道理，深入群众、深入生活，诚心诚意做人民的小学生。艺术可以放飞想象的翅膀，但一定要脚踩坚实的大地。文艺创作方法有一百条、一千条，但最根本、最关键、最牢靠的办法是扎根人民、扎根生活。应该用现实主义精神和浪漫主义情怀观照现实生活，用光明驱散黑暗，用美善战胜丑恶，让人们看到美好、看到希望、看到梦想就在前方。

一部好的作品，应该是把社会效益放在首位，同时也应该是社会效益和经济效益相统一的作品。文艺不能当市场的奴隶，不要沾满了铜臭气。优秀的文艺作品，最好是既能在思想上、艺术上取得成功，又能在市场上受到欢迎。

每个时代都有每个时代的精神。文艺是铸造灵魂的工程，文艺工作者是灵魂的工程师。好的文艺作品就应该像蓝天上的阳光、春季里的清风一样，能够启迪思想、温润心灵、陶冶人生，能够扫除颓废萎靡之风。广大文艺工作者要高扬社会主义核心价值观的旗帜，把社会主义核心价值观生动活泼、活灵活现地体现在文艺创作之中，用栩栩如生的作品形象告诉人们什么是应该肯定和赞扬的，什么是必须反对和否定的，做到春风化雨、润物无声。要把爱国主义作为文艺创作的主旋律，引导人民树立和坚持正确的历史观、民族观、国家观、文化观，增强做中国人的骨气和底气。

追求真善美是文艺的永恒价值。艺术的最高境界就是让人动心，让人们的灵魂经受洗礼，让人们发现自然的美、生活的美、心灵的美。我们要通过文艺作品传递真善美，传递向上向善的价值观，引导人们增强道德判断力和道德荣誉感，向往和追求讲道德、尊道德、守道德的生活。只要中华民族一代接着一代追求真善美的道德境界，我们的民族就永远健康向上、永远充满希望。

中华优秀传统文化是中华民族的精神命脉，是涵养社会主义核心价值观的重要源泉，也是我们在世界文化激荡中站稳脚跟的坚实根基。要结合新的时代条件传承和弘扬中华优秀传统文化，传承和弘扬中华美学精神。我们社会主义文艺要繁荣发展起来，必须认真学习借鉴世界各国人民创造的优秀文艺。只有坚持洋为中用、开拓创新，做到中西合璧、融会贯通，我国文艺才能更好发展繁荣起来。

各级党委要把文艺工作纳入重要议事日程，贯彻好党的文艺方针政策，把握文艺发展正确方向。要选好配强文艺单位领导班子，把那些德才兼备、能同文艺工作者打成一片的干部放到文艺工作领导岗位上来。要尊重文艺工作者的创作个性和创造性劳动，政治上充分信任，创作上热情支持，营造有利于文艺创作的良好环境。要通过深化改革、完善政策、健全体制，形成不断出精品、出人才的生动局面。要高度重视和切实加强文艺评论工作，运用历史的、人民的、艺术的、美学的观点评判和鉴赏作品，倡导说真话、讲道理，营造开展文艺批评的良好氛围。

习近平总书记视察解放军报社的讲话

2015 年 12 月 25 日，中共中央总书记、国家主席、中央军委主席习近平视察解放军报社。在听取解放军报社工作情况汇报后，习近平发表重要讲话。

习近平指出，党的十八大以来，解放军报紧紧围绕党、国家、军队工作大局，深入宣传党的十八大和十八届三中、四中、五中全会精神，宣传"四个全面"战略布局，宣传党的理论创新成果，全面反映部队铸魂育人、正风肃纪、练兵备战、深化改革的生动实践，为强国强军营造了良好氛围。特别是对坚持党在新形势下的强军目标、贯彻全军政治工作会议精神、开展党的群众路线教育实践活动、开展"三严三实"专题教育整顿、坚持战斗力标准、纪念中国人民抗日战争胜利 70 周年阅兵、全面实施改革强军战略的宣传报道，声势大、亮点多，弘扬了主旋律，提振了精气神，凝聚了正能量。

习近平强调，新形势下办好解放军报，必须坚持军报姓党。解放军报是党领导和掌握、直接为党领导的人民军队服务的，必须在恪守党性原则上坚持最高标准、最严要求。要毫不动摇坚持党对军队的绝对领导，始终不渝从思想上政治上行动上同党中央保持高度一致，高度自觉维护党中央和中央军委权威，坚定不移传播党中央和中央军委声音。这是解放军报必须坚守的政治灵魂，任何时候都不能忘、不能丢。军报姓党，就要爱党、护党、为党，为巩固和壮大主流思想舆论竭尽全力，让党的主张成为时代最强音。要宣传好党的十八大和十八届三中、四中、五中全会精神，宣传好马克思列宁主义、毛泽东思想，宣传好中国特色社会主义理论体系，宣传好党的十八大以来党的理论创新成果，宣传好党和国家、军队事业发展新成就新气象，宣传好中央军委重大决策部署，为打牢团结奋斗的共同思想基础积极作为。要强化政治意识、政权意识、阵地意识，勇于举旗帜、打头阵、当先锋，当好意识形态领域斗争的生力军。这是解放军报的鲜明政治特色，也是解放军报的"品牌"，一定要保持下去。要坚持党管媒体原则，严格落实政治家办报要求，确保新闻宣传工作的领导权始终掌握在对党忠诚可靠的人手中。

习近平指出，新形势下办好解放军报，必须坚持强军为本。为军队服务、为军人服务，这是解放军报的最大特色和最大优势。要坚持以强军目标为引领，宣传强军思想，激发强军精神，汇聚强军力量，助推强军实践，为引导全军坚定不移走中国特色强军之路作出贡献。当前，我军建设发展改革步伐很快，军事理论和实践创新步伐也很快，要把握这个大势、适应这个大势，做好宣传引导工作，推动党中央和中央军委各项决策部署在官兵头脑中扎根，在部队工作中落地。深化国防和军队改革已经全面实施展开，军队宣传工作要紧贴改革进程和官兵思想实际，把实施改革强军战略丰富内涵和重大意义讲清楚，把党中央和中央军委决策部署讲清楚，把事关官兵切身利益的改革举措讲清楚，把改革中涌现的先进典型和感人事迹宣传好，引导官兵拥护改革、支持改革、投身改革，为深化国防和军队改革营造良好舆论环境。要坚持面向部队、面向基层、面向官兵，坚持以广大官兵为中心，结合部队强军实践，讲好强军故事，发挥武装人、引导人、塑造人、鼓舞人的作用，引导官兵把个人成长同实现强军梦紧密结合起来，争做"四有"新一代革命军人。要坚持问题导向，抓住涉及强军兴军的战略问题、制约部队发展的瓶颈问题、官兵关心关注的现实问题，做好正面引导、解疑释惑工作。

习近平强调，新形势下办好解放军报，必须坚持创新为要。现在，媒体格局、舆论生态、受众对象、传播技术都在发生深刻变化，特别是互联网正在媒体领域催发一场前所未有的变革。读者在哪里，受众在哪里，宣传报道的触角就要伸向哪里，宣传思想工作的着力点和落脚点就要放在哪里。要顺应互联网发展大势，勇于创新、勇于变革，利用互联网特点和优势，推进理念、内容、手段、体制机制等全方位创新，努力实现军事媒体创新发展。要研究把握现代新闻传播规律和新兴媒体发展规律，强化互联网思维和一体化发展理念，推动各种媒介资源、生产要素有效整合，推动信息内容、技术应用、平台终端、人才队伍共享融通。要深入研究论证军队新闻媒体改革问题，努力构建适合国情军情、符合时代发展要求的现代军事传播体系。对新闻媒体来说，内容创新、形式创新、手段创新都重要，但内容创新是根本的。要多深入基层、深入一线、深入官兵，了解第一手材料。要善于观察，在众多材料中发现好材料，找到反映时代精神、反映官兵面貌、能够引起广泛共鸣的材料。要善于思考，深入发掘好材料的内涵，梳理和阐发好材料中蕴含的隽永的精神和深刻的道理，运用丰富的新闻语言、形式、方法、技巧创作出精品力作来。

习近平指出，新形势下办好解放军报，要建设一支听党指挥、业务精湛、作风过硬的人才队伍。包括解放军报社同志在内的全军新闻工作者要自觉践行"三严三实"，加强党性修养，提高专业素质，弘扬战地记者优良传统，努力成为名记者、名编辑、名评论员。要加强队伍教育管理，严肃各项纪律，强化职业精神和职业操守，确保队伍可靠、干净、过硬。要满腔热忱为官兵和职工排忧解难，为他们创造良好工作、学习、生活条件。

习近平总书记在新闻舆论工作座谈会上的讲话

2016年2月19日，中共中央总书记、国家主席、中央军委主席习近平在北京主持召开党的新闻舆论工作座谈会并发表重要讲话。为召开这次座谈会，习近平到人民日报社、新华社、中央电视台等三家中央新闻单位进行了实地调研。在听取发言之后，习近平发表重要讲话，讲话主要精神是：

党的新闻舆论工作是党的一项重要工作，是治国理政、定国安邦的大事，要适应国内外形势发展，从党的工作全局出发把握定位，坚持党的领导，坚持正确政治方向，坚持以人民为中心的工作导向，尊重新闻传播规律，创新方法手段，切实提高党的新闻舆论传播力、引导力、影响力、公信力。

长期以来，中央主要媒体与党和人民同呼吸、与时代共进步，积极宣传马克思主义真理、宣传党的主张、反映群众呼声，在革命建设改革各个历史时期发挥了十分重要的作用。党的十八大以来，中央主要媒体突出宣传党的十八大和十八届三中、四中、五中全会精神，阐释党中央重大决策和工作部署，反映人民伟大实践和精神风貌，唱响了主旋律，传播了正能量，有力激发了全党全国各族人民为实现中华民族伟大复兴的中国梦而团结奋斗的强大力量。

做好党的新闻舆论工作，事关旗帜和道路，事关贯彻落实党的理论和路线方针政策，事关顺利推进党和国家各项事业，事关全党全国各族人民凝聚力和向心力，事关党和国家前途命运。必须从党的工作全局出发把握党的新闻舆论工作，做到思想上高度重视、工作上精准有力。

在新的时代条件下，党的新闻舆论工作的职责和使命是：高举旗帜、引领导向，围绕中心、服务大局，团结人民、鼓舞士气，成风化人、凝心聚力，澄清谬误、明辨是非，连接中外、沟通世界。要承担起这个职责和使命，必须把政治方向摆在第一位，牢牢坚持党性原则，牢牢坚持马克思主义新闻观，牢牢坚持正确舆论导向，牢牢坚持正面宣传为主。

党的新闻舆论工作坚持党性原则，最根本的是坚持党对新闻舆论工作的领导。党和政府主办的媒体是党和政府的宣传阵地，必须姓党。党的新闻舆论媒体的所有工作，都要体现党的意志、反映党的主张，维护党中央权威、维护党的团结，做到爱党、护党、为党；都要增强看齐意识，在思想上政治上行动上同党中央保持高度一致；都要坚持党性和人民性相统一，把党的理论和路线方针政策变成人民群众的自觉行动，及时把人民群众创造的经验和面临的实际情况反映出来，丰富人民精神世界，增强人民精神力量。新闻观是新闻舆论工作的灵魂。要深入开展马克思主义新闻观教育，引导广大新闻舆论工作者做党的政策主张的传播者、时代风云的记录者、社会进步的推动者、公平正义的守望者。

新闻舆论工作各个方面、各个环节都要坚持正确舆论导向。各级党报党刊、电台电视台要讲导向，都市类报刊、新媒体也要讲导向；新闻报道要讲导向，副刊、专题节目、广告宣传也要讲导向；时政新闻要讲导向，娱乐类、社会类新闻也要讲导向；国内新闻报道要讲导向，国际新闻报道也要讲导向。

团结稳定鼓劲、正面宣传为主，是党的新闻舆论工作必须遵循的基本方针。做好正面宣传，要增强吸引力和感染力。真实性是新闻的生命。要根据事实来描述事实，既准确报道个别事实，又从宏观上把握和反映事件或事物的全貌。舆论监督和正面宣传是统一的。新闻媒体要直面工作中存在的问题，直面社会丑恶现象，激浊扬清、针砭时弊，同时发表批评性报道要事实准确、分析客观。

随着形势发展，党的新闻舆论工作必须创新理念、内容、体裁、形式、方法、手段、业态、体制、机制，增强针对性和实效性。要适应分众化、差异化传播趋势，加快构建舆论引导新格局。要推动融合发展，主动借助新媒体传播优势。要抓住时机、把握节奏、讲究策略，从时度效着力，体现时度效要求。要加强国际传播能力建设，增强国际话语权，集中讲好中国故事，同时优化战略布局，着力打造具有较强国际影响的外宣旗舰媒体。

媒体竞争关键是人才竞争，媒体优势核心是人才优势。要加快培养造就一支政治坚定、业务精湛、作风优良、党和人民放心的新闻舆论工作队伍。新闻舆论工作者要增强政治家办报意识，在围绕中心、服务大局中找准坐标定位，牢记社会责任，不断解决好"为了谁、依靠谁、我是谁"这个根本问题。要提高业务能力，勤学习、多锻炼，努力成为全媒型、专家型人才。要转作风改文风，俯下身、沉下心，察实情、说实话、动真情，努力推出有思想、有温度、有品质的作品。要严格要求自己，加强道德修养，保持一身正气。要深化新闻单位干部人事制度改革，对新闻舆论工作者在政治上充分信任、工作上大胆使用、生活上真诚关心、待遇上及时保障。

加强和改善党对新闻舆论工作的领导，是新闻舆论工作顺利健康发展的根本保证。各级党委要自觉承担起政治责任和领导责任。领导干部要增强同媒体打交道的能力，善于运用媒体宣讲政策主张、了解社情民意、发现矛盾问题、引导社会情绪、动员人民群众、推动实际工作。

习近平总书记在网络安全和信息化工作座谈会上的讲话

2016年4月19日，中共中央总书记、国家主席、中央军委主席、中央网络安全和信息化领导小组组长习近平在北京主持召开网络安全和信息化工作座谈会并发表重要讲话。讲话从六个方面展开，主要内容如下：

1. 推动我国网信事业发展，让互联网更好造福人民

我国经济发展进入新常态，新常态要有新动力，互联网在这方面可以大有作为。我们实施"互联网+"行动计划，带动全社会兴起了创新创业热潮，信息经济在我国国内生产总值中的占比不断攀升。当今世界，信息化发展很快，不进则退，慢进亦退。我们要加强信息基础设施建设，强化信息资源深度整合，打通经济社会发展的信息"大动脉"。党的十八届五中全会、"十三五"规划纲要都对实施网络强国战略、"互联网+"行动计划、大数据战略等作了部署，要切实贯彻落实好，着力推动互联网和实体经济深度融合发展，以信息流带动技术流、资金流、人才流、物资流，促进资源配置优化，促进全要素生产率提升，为推动创新发展、转变经济发展方式、调整经济结构发挥积极作用。

网信事业要发展，必须贯彻以人民为中心的发展思想。这是党的十八届五中全会提出的一个重要观点。要适应人民期待和需求，加快信息化服务普及，降低应用成本，为老百姓提供用得上、用得起、用得好的信息服务，让亿万人民在共享互联网发展成果上有更多获得感。相比城市，农村互联网基础设施建设是我们的短板。要加大投入力度，加快农村互联网建设步伐，扩大光纤网、宽带网在农村的有效覆盖。可以做好信息化和工业化深度融合这篇大文章，发展智能制造，带动更多人创新创业；可以瞄准农业现代化主攻方向，提高农业生产智能化、经营网络化水平，帮助广大农民增加收入；可以发挥互联网优势，实施"互联网＋教育""互联网＋医疗""互联网＋文化"等，促进基本公共服务均等化；可以发挥互联网在助推脱贫攻坚中的作用，推进精准扶贫、精准脱贫，让更多困难群众用上互联网，让农产品通过互联网走出乡村，让山沟里的孩子也能接受优质教育；可以加快推进电子政务，鼓励各级政府部门打破信息壁垒、提升服务效率，让百姓少跑腿、信息多跑路，解决办事难、办事慢、办事繁的问题，等等。这些方面有很多事情可做，一些互联网企业已经做了尝试，取得了较好的经济效益和社会效益。

2. 建设网络良好生态，发挥网络引导舆论、反映民意的作用

互联网是一个社会信息大平台，亿万网民在上面获得信息、交流信息，这会对他们的求知途径、思维方式、价值观念产生重要影响，特别是会对他们对国家、对社会、对工作、对人生的看法产生重要影响。

网络空间是亿万民众共同的精神家园。网络空间天朗气清、生态良好，符合人民利益。网络空间乌烟瘴气、生态恶化，不符

合人民利益。谁都不愿生活在一个充斥着虚假、诈骗、攻击、谩骂、恐怖、色情、暴力的空间。互联网不是法外之地。利用网络鼓吹推翻国家政权，煽动宗教极端主义，宣扬民族分裂思想，教唆暴力恐怖活动，等等，这样的行为要坚决制止和打击，决不能任其大行其道。利用网络进行欺诈活动，散布色情材料，进行人身攻击，兜售非法物品，等等，这样的言行也要坚决管控，决不能任其大行其道。没有哪个国家会允许这样的行为泛滥开来。我们要本着对社会负责、对人民负责的态度，依法加强网络空间治理，加强网络内容建设，做强网上正面宣传，培育积极健康、向上向善的网络文化，用社会主义核心价值观和人类优秀文明成果滋养人心、滋养社会，做到正能量充沛、主旋律高昂，为广大网民特别是青少年营造一个风清气正的网络空间。

形成良好网上舆论氛围，不是说只能有一个声音、一个调子，而是说不能搬弄是非、颠倒黑白、造谣生事、违法犯罪，不能超越了宪法法律界限。习近平强调，要把权力关进制度的笼子里，一个重要手段就是发挥舆论监督包括互联网监督作用。这一条，各级党政机关和领导干部特别要注意，首先要做好。对网上那些出于善意的批评，对互联网监督，不论是对党和政府工作提的还是对领导干部个人提的，不论是和风细雨的还是忠言逆耳的，我们不仅要欢迎，而且要认真研究和吸取。

3. 在核心技术上取得突破

同世界先进水平相比，同建设网络强国战略目标相比，我们在很多方面还有不小差距，特别是在互联网创新能力、基础设施建设、信息资源共享、产业实力等方面还存在不小差距，其中最大的差距在核心技术上。

我国信息技术产业体系相对完善、基础较好，在一些领域已经接近或达到世界先进水平，市场空间很大，有条件有能力在核心技术上取得更大进步，关键是要理清思路、脚踏实地去干。

第一，正确处理开放和自主的关系。第二，在科研投入上集中力量办大事。第三，积极推动核心技术成果转化。技术要发展，必须要使用。第四，推动强强联合、协同攻关。

4. 正确处理安全和发展的关系

网络安全和信息化是相辅相成的。安全是发展的前提，发展是安全的保障，安全和发展要同步推进。我们一定要认识到，古往今来，很多技术都是"双刃剑"，一方面可以造福社会、造福人民，另一方面也可以被一些人用来损害社会公共利益和民众利益。从世界范围看，网络安全威胁和风险日益突出，并日益向政治、经济、文化、社会、生态、国防等领域传导渗透。特别是国家关键信息基础设施面临较大风险隐患，网络安全防控能力薄弱，难以有效应对国家级、有组织的高强度网络攻击。这对世界各国都是一个难题，我们当然也不例外。

面对复杂严峻的网络安全形势，我们要保持清醒头脑，各方面齐抓共管，切实维护网络安全。

第一，树立正确的网络安全观。第二，加快构建关键信息基础设施安全保障体系。第三，全天候全方位感知网络安全态势。第四，增强网络安全防御能力和威慑能力。

5. 增强互联网企业使命感、责任感，共同促进互联网持续健康发展

网上信息管理，网站应负主体责任，政府行政管理部门要加强监管。主管部门、企业要建立密切协作协调的关系，避免过去经常出现的"一放就乱、一管就死"现象，走出一条齐抓共管、

良性互动的新路。

第一，坚持鼓励支持和规范发展并行。第二，坚持政策引导和依法管理并举。第三，坚持经济效益和社会效益并重。

6. 聚天下英才而用之，为网信事业发展提供有力人才支撑

互联网主要是年轻人的事业，要不拘一格降人才。要采取特殊政策，建立适应网信特点的人事制度、薪酬制度，把优秀人才凝聚到技术部门、研究部门、管理部门中来。要建立适应网信特点的人才评价机制，以实际能力为衡量标准，不唯学历，不唯论文，不唯资历，突出专业性、创新性、实用性。要建立灵活的人才激励机制，让作出贡献的人才有成就感、获得感。要探索网信领域科研成果、知识产权归属、利益分配机制，在人才入股、技术入股以及税收方面制定专门政策。在人才流动上要打破体制界限，让人才能够在政府、企业、智库间实现有序顺畅流动。

习近平总书记在庆祝中国共产党成立 95 周年大会上的讲话

2016 年 7 月 1 日，庆祝中国共产党成立 95 周年大会在北京人民大会堂隆重举行。中共中央总书记、国家主席、中央军委主席习近平在大会上发表重要讲话。

习近平强调，中国产生了共产党，这是开天辟地的大事变。这一开天辟地的大事变，深刻改变了近代以后中华民族发展的方向和进程，深刻改变了中国人民和中华民族的前途和命运，深刻改变了世界发展的趋势和格局。在 95 年波澜壮阔的历史进程中，中国共产党紧紧依靠人民，跨过一道又一道沟坎，取得一个又一个胜利，为中华民族做出了伟大历史贡献。

习近平指出，中国共产党领导中国人民取得的伟大胜利，使具有 5000 多年文明历史的中华民族全面迈向现代化，让中华文明在现代化进程中焕发出新的蓬勃生机；使具有 500 年历史的社会主义主张在世界上人口最多的国家成功开辟出具有高度现实性和可行性的正确道路，让科学社会主义在 21 世纪焕发出新的蓬勃生机；使具有 60 多年历史的新中国建设取得举世瞩目的成就，中国这个世界上最大的发展中国家在短短 30 多年里摆脱贫困并跃升为世界第二大经济体，彻底摆脱被开除球籍的危险，创造了人类社会发展史上惊天动地的发展奇迹，使中华民族焕发出新的蓬勃生机。

习近平强调，历史告诉我们，历史和人民选择中国共产党领导中华民族伟大复兴的事业是正确的，必须长期坚持、永不动摇；中国共产党领导中国人民开辟的中国特色社会主义道路是正确的，必须长期坚持、永不动摇；中国共产党和中国人民扎根中国大地、吸纳人类文明优秀成果、独立自主实现国家发展的战略是正确的，必须长期坚持、永不动摇。

习近平指出，今天，我们回顾历史，不是为了从成功中寻求慰藉，更不是为了躺在功劳簿上、为回避今天面临的困难和问题寻找借口，而是为了总结历史经验、把握历史规律，增强开拓前进的勇气和力量。

习近平强调，党的十八大指出，坚持和发展中国特色社会主义是一项长期而艰巨的历史任务，必须准备进行具有许多新的历史特点的伟大斗争。这就告诫全党，要时刻准备应对重大挑战、抵御重大风险、克服重大阻力、解决重大矛盾，坚持和发展中国特色社会主义，坚持和巩固党的领导地位和执政地位，使我们的党、我们的国家、我们的人民永远立于不败之地。

习近平指出，面向未来，面对挑战，全党同志一定要不忘初心、继续前进。并就不忘初心、继续前进提出 8 个方面的要求。一是坚持不忘初心、继续前进，就要坚持马克思主义的指导地位，坚持把马克思主义基本原理同当代中国实际和时代特点紧密结合起来，推进理论创新、实践创新，不断把马克思主义中国化推向前进。二是坚持不忘初心、继续前进，就要牢记我们党从成立起就把为共产主义、社会主义而奋斗确定为自己的纲领，坚定共产主义远大理想和中国特色社会主义共同理想，不断把为崇高理想奋斗的伟大实践推向前进。三是坚持不忘初心、继续前进，就要坚持中国特色社会主义道路自信、理论自信、制度自信、文化自信，坚持党的基本路线不动摇，不断把中国特色社会主义伟大事业推向前进。四是坚持不忘初心、继续前进，就要统筹推进"五位一体"总体布局，协调推进"四个全面"战略布局，全力推进全面建成小康社会进程，不断把实现"两个一百年"奋斗目标推向前进。五是坚持不忘初心、继续前进，就要坚定不移高举改革开放旗帜，勇于全面深化改革，进一步解放思想、解放和发展社会生产力、解放和增强社会活力，不断把改革开放推向前进。六是坚持不忘初心、继续前进，就要坚信党的根基在人民、党的力量在人民，坚持一切为了人民、一切依靠人民，充分发挥广大人民群众积极性、主动性、创造性，不断把为人民造福事业推向前进。七是坚持不忘初心、继续前进，就要始终不渝走和平发展道路，始终不渝奉行互利共赢的开放战略，加强同各国的友好往来，同各国人民一道，不断把人类和平与发展的崇高事业推向前进。八是坚持不忘初心、继续前进，就要保持党的先进性和纯洁性，着力提高执政能力和领导水平，着力增强抵御风险和拒腐防变能力，不断把党的建设新的伟大工程推向前进。

习近平强调，办好中国的事情，关键在党。中国特色社会主义最本质的特征是中国共产党领导，中国特色社会主义制度的最大优势是中国共产党领导。坚持和完善党的领导，是党和国家的根本所在、命脉所在，是全国各族人民的利益所在、幸福所在。我们党作为一个有 8800 多万名党员、440 多万个党组织的党，作为一个在有着 13 亿多人口的大国长期执政的党，党的建设关系重大、牵动全局。党和人民事业发展到什么阶段，党的建设就要推进到什么阶段。这是加强党的建设必须把握的基本规律。

习近平指出，先进性和纯洁性是马克思主义政党的本质属性，我们加强党的建设，就是要同一切弱化先进性、损害纯洁性的问题作斗争，祛病疗伤，激浊扬清。全党要以自我革命的政治勇气，着力解决党自身存在的突出问题，不断增强党自我净化、自我完善、自我革新、自我提高能力，经受"四大考验"、克服"四种危险"，确保党始终成为中国特色社会主义事业的坚强领导核心。

习近平强调，管党治党，必须严字当头，把严的要求贯彻全过程，做到真管真严、敢管敢严、长管长严。我们要加强和规范党内政治生活，严肃党的政治纪律和政治规矩，增强党内政治生活的政治性、时代性、原则性、战斗性，全面净化党内政治生态。我们要从中央政治局常委会、中央政治局、中央委员会抓起，从高级干部抓起，持之以恒加强作风建设，坚持和发扬党的优良传统和作风，坚持抓常、抓细、抓长，使党的作风全面好起来，确保党始终同人民同呼吸、共命运、心连心。我们要以顽强的意志品质，坚持零容忍的态度不变，做到有案必查、有腐必惩，让腐败分子在党内没有任何藏身之地。我们要坚持德才兼备、以德为先，坚持五湖四海、任人唯贤，坚持事业为上、公道正派，坚决防止和纠正选人用人上的不正之风，把党和人民需要的好干部精心培养起来、及时发现出来、合理使用起来。

习近平指出，青年是祖国的未来、民族的希望，也是我们党的未来和希望。全党要关注青年、关心青年、关爱青年，倾听青年心声，做青年朋友的知心人、青年工作的热心人、青年群众的引路人。全国广大青年要深刻了解近代以来中国人民和中华民族不懈奋斗的光荣历史和伟大历程，坚定不移跟着中国共产党走，勇做走在时代前列的奋进者、开拓者、奉献者，让青春在为祖国、为人民、为民族的奉献中焕发出绚丽光彩。

习近平强调，1949年3月23日上午，党中央从西柏坡动身前往北京时，毛泽东同志说："今天是进京赶考的日子。"60多年的实践证明，我们党在这场历史性考试中取得了优异成绩。同时，这场考试还没有结束，还在继续。全党同志一定要不忘初心、继续前进，永远保持谦虚、谨慎、不骄、不躁的作风，永远保持艰苦奋斗的作风，勇于变革、勇于创新，永不僵化、永不停滞，继续在这场历史性考试中经受考验，努力向历史、向人民交出新的更加优异的答卷。

习近平总书记在中国文联十大、中国作协九大开幕式上的讲话

2016年11月30日，中国文学艺术界联合会第十次全国代表大会、中国作家协会第九次全国代表大会在北京人民大会堂开幕。中共中央总书记、国家主席、中央军委主席习近平出席大会并发表重要讲话。主要内容有：

文艺事业是党和人民的重要事业，文艺战线是党和人民的重要战线。在革命、建设、改革各个历史时期，广大文艺工作者响应党的号召，坚持为人民服务、为社会主义服务的方向，坚持百花齐放、百家争鸣的方针，创作了一大批脍炙人口、深入人心的优秀作品，弘扬了中国精神，凝聚了中国力量，为我们党团结带领人民实现民族独立、人民解放、国家富强、人民幸福做出了十

分重要的贡献。

党的十八大以来，广大文艺工作者积极投身实现"两个一百年"奋斗目标、实现中华民族伟大复兴中国梦的火热实践，倾情服务人民，倾心创作精品，热情讴歌全国各族人民追梦圆梦的顽强奋斗，弘扬崇高理想和英雄气概，奏响了时代之声、爱国之声、人民之声。特别是在党和国家举办的一系列重大活动中，在面向基层、面向群众的文化服务中，在中外人文交流中，广大文艺工作者勇挑大梁、不计名利、夙夜奔忙，展现了昂扬的精神风貌、高超的艺术水平。在广大文艺工作者辛勤努力下，我国文艺界出现新气象新面貌，文学、戏剧、电影、电视、音乐、舞蹈、美术、摄影、书法、曲艺、杂技、民间文艺、文艺评论、群众文艺、艺术教育等都取得丰硕成果，主旋律更加响亮，正能量更加强劲，为人民提供了丰富精神食粮，向世界展示了中华文化魅力。

实现中华民族伟大复兴，是中华民族近代以来最伟大的梦想，也是我们这一代人的历史使命。当今世界正处在大发展大变革大调整时期，当代中国正沿着中国特色社会主义道路奋力前进。这是一个风云际会的时代，也是一个英雄辈出的时代。在中国共产党领导下，有中国人民团结一心、自强不息的精神，有中国人民创新创造、开拓进取的勇气，有中国人民艰苦奋斗、顽强拼搏的毅力，中华民族在苦难和曲折中一步步走到今天，必将在辉煌和奋斗中大踏步走向明天，中华民族伟大复兴的航船一定能够劈波斩浪驶向光辉的彼岸。

实现中华民族伟大复兴，需要物质文明极大发展，也需要精神文明极大发展。早在革命战争年代，毛泽东同志就多次强调要建设民族的、科学的、大众的中华民族的新文化。1940 年，他说："我们不但要把一个政治上受压迫、经济上受剥削的中国，变为一个政治上自由和经济上繁荣的中国，而且要把一个被旧文化统治因而愚昧落后的中国，变为一个被新文化统治因而文明先进的中国。"1979年10月，邓小平同志在中国文学艺术工作者第四次代表大会上发表祝词强调："我们要在建设高度物质文明的同时，提高全民族的科学文化水平，发展高尚的丰富多彩的文化生活，建设高度的社会主义精神文明。"他还强调：要大力发扬党和人民在长期实践中形成的崇高精神，"大声疾呼和以身作则地把这些精神推广到全体人民、全体青少年中间去，使之成为中华人民共和国的精神文明的主要支柱，为世界上一切要求革命、要求进步的人们所向往，也为世界上许多精神空虚、思想苦闷的人们所羡慕"。

中华民族生生不息绵延发展、饱受挫折又不断浴火重生，都离不开中华文化的有力支撑。中华文化独一无二的理念、智慧、气度、神韵，增添了中国人民和中华民族内心深处的自信和自豪。在5000多年文明发展中孕育的中华优秀传统文化，在党和人民伟大斗争中孕育的革命文化和社会主义先进文化，积淀着中华民族最深沉的精神追求，代表着中华民族独特的精神标识。我们要大力弘扬以爱国主义为核心的民族精神和以改革创新为核心的时代精神，大力弘扬中华优秀传统文化，大力发展社会主义先进文化，不断增强全党全国各族人民的精神力量。

习近平提出了几点希望：

第一，希望大家坚定文化自信，用文艺振奋民族精神。实现中华民族伟大复兴，必须坚定中国特色社会主义道路自信、理论自信、制度自信、文化自信。创作出具有鲜明民族特点和个性的优秀作品，要对博大精深的中华文化有深刻的理解，更要有高度的文化自信。广大文艺工作者要善于从中华文化宝库中萃取精华、汲取能量，保持对自身文化理想、文化价值的高度信心，保持对自身文化生命力、创造力的高度信心，使自己的作品成为激励中国人民和中华民族不断前行的精神力量。

第二，希望大家坚持服务人民，用积极的文艺歌颂人民。人民是历史的创造者，是时代的雕塑者。一切优秀文艺工作者的艺术生命都源于人民，一切优秀文艺创作都为了人民。广大文艺工作者要坚持以强烈的现实主义精神和浪漫主义情怀，观照人民的生活、命运、情感，表达人民的心愿、心情、心声，立志创作出在人民中传之久远的精品力作。

第三，希望大家勇于创新创造，用精湛的艺术推动文化创新发展。优秀作品反映着一个国家、一个民族文化创新创造的能力和水平。广大文艺工作者要把创作生产优秀作品作为中心环节，不断推进文艺创新、提高文艺创作质量，努力为人民创造文化杰作、为人类贡献不朽作品。

第四，希望大家坚守艺术理想，用高尚的文艺引领社会风尚。文艺是铸造灵魂的工程，承担着以文化人、以文育人的职责，应该用独到的思想启迪、润物无声的艺术熏陶启迪人的心灵，传递向善向上的价值观。广大文艺工作者要做真善美的追求者和传播者，把崇高的价值、美好的情感融入自己的作品，引导人们向高尚的道德聚拢，不让廉价的笑声、无底线的娱乐、无节操的垃圾淹没我们的生活。

习近平还强调人是事业发展最关键的因素。文艺界是思想活跃的地方，也是创造力充沛的地方，济济多士，英才辈出。我国文艺事业要实现繁荣发展，就必须培养人才、发现人才、珍惜人才、凝聚人才。中国文联、中国作协是党和政府联系广大文艺工作者的桥梁纽带，在团结文艺工作者方面负有重要职责。多年来，中国文联、中国作协开展了许多卓有成效的工作。哪里有文艺工作者，文联、作协的工作就要做到哪里，发挥好文艺界人民团体作用。

新形势下，文联、作协要深化改革，工作向基层倾斜，服务向最广大文艺工作者拓展，改变机关化、行政化倾向，不断增强组织活力。要加强引领，突出政治性、先进性、群众性，团结带领广大文艺工作者践行社会主义核心价值观，不断增强组织向心力。要加强联络，延伸工作手臂，加强对新文艺组织、新文艺群体的团结引导，把千千万万文艺从业者、爱好者凝聚起来，不断增强组织吸引力。要增强本领，加强能力建设，强化行业服务、行业管理、行业自律，发挥在行业建设中的主导作用，不断增强行业影响力。要加强沟通，待人以亲、助人以诚，多做得人心、暖人心的事，成为文艺工作者事业上的好伙伴、生活中的真朋友，成为文艺工作者的温馨之家，把文艺战线的力量发动起来，把人民群众中蕴藏的创作能量激发出来，推动文艺事业呈现百花齐放的繁荣景象。

加强和改进党对文艺工作的领导，是文艺事业繁荣发展的根本保证。各级党委要高度重视文艺工作，充分认识文联、作协的重要作用，指导推动文联、作协深化改革、发展事业，加大政策支持和保障力度。要用符合文艺规律的方式领导文艺事业，充分发扬学术民主和艺术民主，保护好文艺工作者积极性和创造性。要按照全面从严治党的要求，加强文联、作协党的建设，加强文艺单位党的建设，选好配强文艺单位领导班子，把讲政治、懂业务、能干事、愿服务的干部放到文艺工作领导岗位上来。要加强和改进文艺理论和评论工作，褒优贬劣，激浊扬清，更加有效地引导创作、推出精品、提高审美、引领风尚。要做到政治上充分信任、思想上主动引导、工作上创造条件、生活上关心照顾，多为文艺工作者办实事、做好事、解难事，营造有利于出人才、出精品的良好环境。要重视和加强艺术教育，提高人民群众艺术素养。

十五、《关于推动传统媒体和新兴媒体融合发展的指导意见》

复习要点提示

● 深入把握《关于推动传统媒体和新兴媒体融合发展的指导意见》的主要精神。

2014年8月18日，中央全面深化改革领导小组第四次会议审议通过了《关于推动传统媒体和新兴媒体融合发展的指导意见》。《意见》对新形势下如何推动媒体融合发展提出了明确要求，作出了具体部署。

《意见》指出，整合新闻媒体资源，推动传统媒体和新兴媒体融合发展，是落实中央全面深化改革部署、推进宣传文化领域改革创新的一项重要任务，是适应媒体格局深刻变化、提升主流媒体传播力公信力影响力和舆论引导能力的重要举措。通过融合发展，使我们的主流媒体科学运用先进传播技术，增强信息生产和服务能力，更好地传播党和政府声音，更好地满足人民群众的信息需求。

《意见》提出，推动媒体融合发展，要遵循新闻传播规律和新兴媒体发展规律，强化互联网思维，坚持正确方向和舆论导向、坚持统筹协调、坚持创新发展、坚持一体化发展、坚持先进技术为支撑。

《意见》强调，推动媒体融合发展，要将技术建设和内容建设摆在同等重要的位置。要顺应互联网传播移动化、社交化、视频化的趋势，积极运用大数据、云计算等新技术，发展移动客户端、手机网站等新应用新业态，不断提高技术研发水平，以新技术引领媒体融合发展、驱动媒体转型升级。同时，要适应新兴媒体传播特点，加强内容建设，创新采编流程，优化信息服务，以内容优势赢得发展优势。

《意见》指出，推动媒体融合发展，要按照积极推进、科学发展、规范管理、确保导向的要求，推动传统媒体和新兴媒体在内容、渠道、平台、经营、管理等方面深度融合，着力打造一批形态多样、手段先进、具有竞争力的新型主流媒体，建成几家拥有强大实力和传播力公信力影响力的新型媒体集团，形成立体多样、融合发展的现代传播体系。要一手抓融合，一手抓管理，确保融合发展始终沿着正确的方向推进。

第二部分

新闻工作者职业道德

一、新闻工作者责任

复习要点提示

- 掌握新闻工作者的职业特征。
- 了解新闻工作者的职业修养。

新闻职业与新闻工作者

新闻职业是以新闻手段向社会提供信息服务的职业。其特征是及时敏锐地反映社会和时局的变化，与社会生活和人民群众保持着十分广泛的联系，是快节奏高强度的创造性劳动等。

新闻工作者是指从事新闻采写、编辑、报道等的工作人员。社会赋予新闻工作者进行信息传播的资源和权利，并寄予较高的期望，因此，同其他任何职业一样，新闻工作者也必须承担相应的社会责任，遵守一定的职业道德和规范，才能确保新闻业的健康运行和社会舆论的公正公平。

新闻工作的地位与作用

新闻工作是一项政治性强、专业素质要求高的工作。新闻工作在促进社会的有序发展、推动社会的全面进步方面发挥着巨大的作用，这种社会功能，是通过新闻工作者的职业行为体现的。

新闻从业者，广义上讲，是指以采集、制作、传播新闻信息及其相关活动为专门职业的工作人员。从狭义上讲，则是指从事新闻采编一线的人员。其范围包括：新闻信息采编播的业务人员，新闻产品的技术处理人员，新闻产品的发行推销人员，新闻事业的管理人员，新闻教育和新闻学术的研究人员。

新闻工作者的职业特征

新闻工作者在其产生和发展的历史过程中，形成了不同于其他职业的鲜明特征：

一是能够及时、敏锐地反映社会和时局的变化。

二是新闻工作以全社会为其工作对象，也以全社会为其服务对象，新闻工作者能够与社会生活和人民群众保持着十分广泛的联系。

三是新闻工作者要具有坚定的政治信念，具有很强的政治洞察力，作为喉舌、工具具有很强的政治性。

四是新闻媒介在反映舆论、引导舆论方面具有权威性，新闻工作者作为舆论的代表具有很高的权威性，被称为"社会公正的法官"。

五是新闻工作者的职业是一种快节奏、高强度的创造性劳动。

六是新闻工作者往往是在事后在最短的时间里把所发生的事件报道出去，使得新闻工作者所反映的生活会同复杂的实际生活产生一定的距离，因而新闻职业具有浮光掠影的弱点。

新闻工作者的社会责任与职业修养

新闻工作者的社会责任，是指从事新闻职业活动的人员对其职业行为所产生的社会作用和社会意义所应承担的责任。社会责任是构成新闻传播活动的基础，是新闻工作者基于一定的政治立场、思想意识、价值观念和业务水平，在内心信念和道德责任感的驱使下，自觉履行对事实、对社会应尽的职责、使命和任务，也是社会对新闻工作者提出的最基本的道德要求。

新闻工作者的职业修养主要包括四个方面：

一是政治修养。新闻工作者在政治上要求高，要讲党性，讲政治，把政治坚定性、政治洞察力和政治责任感作为第一位修养。

二是思想修养。不唯上，不唯书，只唯实，把做坚定的唯物主义者、坚持实事求是的思想路线作为根本的思想修养。

三是法制观念和职业道德修养。新闻工作者对自己的基本要求有六项：全心全意为人民服务；坚持正确的舆论导向；遵守宪法、法律和纪律；维护新闻的真实性；保持清正廉洁的作风；发扬团结协作精神。

四是业务能力修养。包括：政治判断力和新闻敏感性，社会交往与活动能力，调查研究能力，文字表达能力，身体和环境适应能力。

二、新闻工作者职业道德

复习要点提示

- 掌握新闻工作者职业道德的本质特征。
- 掌握新闻工作者职业道德的基本原则和规范。
- 了解新闻工作的法律规范。
- 了解新闻工作者职业道德建设的意义。
- 了解违反新闻工作者职业道德的行为。

新闻工作者职业道德的本质特征

新闻工作者职业道德主要是针对新闻工作者职业行为的道德原则和规范。新闻工作者职业道德是约束新闻从业者的职业行为、调节新闻传播活动中各方社会关系的一种最基本、最有效的规范形式。随着近代新闻事业的产生以及新闻传播活动成为一种稳定的社会职业，作为规范从业人员的职业行为以及调整它所涉及的各种社会关系的新闻职业道德才逐渐系统、完善起来。

首先，新闻工作者职业道德同普遍的道德现象一样，是一种由经济基础决定的上层建筑，由社会存在决定的社会意识形态，因而它的内容和形式，最终都取决于社会存在，取决于社会的物质生产方式。

其次，新闻工作者职业道德较之其他职业道德，具有更为鲜明的阶级性和更为强烈的政治色彩。新闻事业在传播和发布新闻信息时所显示的社会教化功能和舆论导向功能，决定了它在社会生活中所处的特殊地位。

第三，新闻工作者职业道德是对新闻传播活动的一种特殊的调节规范体系。它反映了人们对新闻事业的健康发展及其对社会产生积极影响的殷切期望。

新闻工作者职业道德的基本原则和规范

社会主义新闻工作者职业道德的基本原则可以确定为以下两点：一是社会主义新闻工作全心全意为人民服务的原则，二是社会主义新闻工作坚持从实际出发、实事求是的原则。

社会主义职业道德的基本规范是新闻工作者职业道德得以贯彻和实现的重要环节。新中国成立后，我国社会主义新闻事业第一个成文的新闻职业道德的规范条例是在 1981 年由中宣部新闻局和中央新闻单位共同商拟制定的《记者守则》（试行草案）。1991 年 1 月 19 日，中华全国新闻工作者协会第四届理事会第一次全体会议一致通过了《中国新闻工作者职业道德准则》，这是中华人民共和国成立以后第一个正式颁布的新闻职业道德规范。1994 年 4 月，中华全国新闻工作者协会第四届第二次全体会议又对《准则》进行了修订，使其更全面、更系统。

新闻工作的法律规范

法律是一种特殊的社会规范，它对新闻工作者职业行为的调整与控制，完全有别于新闻职业道德规范。它以服从为前提，以制裁为后盾，通过强制力来保证实施。法律规范对新闻工作者职业行为的调控，是通过多种形式表现出来的，如宪法、法律、条例、决议、规章、命令等。我们的国家是由中国共产党领导的，因此，在社会主义条件下，有关新闻工作的法律规范，还包括了党的宣传纪律和党的新闻政策。

作为一种规范体系，法律是社会控制的重要工具。制定和实施法律的目的，在于通过法律的调整，建立起符合统治阶级利益的社会秩序；通过对人们社会行为的约束，使人与人之间的关系，即社会关系，更符合统治阶级的要求。新闻事业由于其社会影响力的深远和舆论导向功能的重要，因此，利用法律的强制力规范新闻从业人员的职业行为，既保障新闻工作者采写和报道新闻的自由权利、新闻传播活动的有序进行，同时也保护广大受众的合法权益，不允许新闻媒介及其从业人员有任何超越法律之外或凌驾于法律之上的特权，是十分必要的。

对新闻传播活动的法律调控，主要包括：确认新闻事业体制和隶属关系等因素的法律地位，建立业务组织和管理体系，确定新闻从业人员的职责关系，调节和监督新闻职业行为的指向，解决新闻机构间的法律纠纷，规定新闻职业行为的法律后果，特别是对违法行为的法律制裁和保障新闻工作的程序等。

对新闻传播活动的法律调控方式主要有：通过宪法、法律、行政法规等规范性文件对新闻传播行为进行直接控制；通过新闻机构将各种规范性文件和相关的法律条文具体化为一系列规章制度，以"准法律"的形式对新闻传播行为进行间接控制；通过宣传、教育、警示、激励和正反面典型示范等心理的影响，达到调控新闻传播行为的目的。

新闻工作者职业道德建设的意义

新闻工作者职业道德建设的意义主要表现在：

（1）继承和发扬党的新闻工作优良传统，树立新闻工作者良好的职业道德，维护新闻工作的严肃性和声誉。

（2）充分发挥新闻工作的正确舆论导向作用，保持媒体的公信力。

（3）促进新闻队伍建设，保证新闻事业健康发展。

违反新闻工作者职业道德的行为

在当前社会转型期，由于受极端个人主义、拜金主义、享乐主义等不良社会风气的影响和侵蚀，一些新闻从业人员理想信念动摇，世界观、人生观、价值观发生扭曲，道德失衡、行为失范，引发了一系列新闻职业道德方面的问题。目前我国的新闻职业道德方面存在的问题可以概括为四个方面：虚假新闻、有偿新闻、低俗新闻、不良广告，也被称为影响新闻工作的"四大公害"。这些新闻职业道德失范给新闻事业带来了严重的危害，败坏行业风气，降低媒体的社会公信力，销蚀媒体的受众满意度，使新闻传播的权威性、公正性和纯洁性，媒体社会功能的正常发挥，受到了严重影响。不能不引起高度关注和忧虑，因此加强新闻职业道德建设已是新闻界有识之士的共识和当务之急。

三、广播电视工作者职业道德

复习要点提示

- 熟悉《中国新闻工作者职业道德准则》（2009 年修订）。
- 熟悉《中国广播电视编辑记者职业道德准则》。
- 熟悉《中国广播电视播音员主持人职业道德准则》。
- 熟悉《新闻从业人员职务行为信息管理办法》。
- 熟悉《新闻出版广播影视从业人员廉洁行为若干规定》。
- 熟悉《新闻出版广播影视从业人员职业道德自律公约》。
- 熟悉《中国记协新闻道德委员会章程（试行）》。

《中国新闻工作者职业道德准则》（2009 年修订）

在 2009 年 11 月 9 日中华全国新闻工作者协会第七届理事会第二次全体会议通过的《中国新闻工作者职业道德准则》是我国新闻界的一件大事。《准则》经过 12 年以后重新修订（1991 年制定，1994 年、1997 年分别进行过修订），不仅在党的新闻事业发展史上具有重要的历史价值，而且对推动新闻界加强队伍建设，提高职业道德水平具有深远的现实意义。

中国新闻工作者职业道德准则（全文）

（2009 年 11 月 9 日修订）

中国新闻事业是中国特色社会主义事业的重要组成部分。

新闻工作者要坚持以马克思列宁主义、毛泽东思想、邓小平理论和"三个代表"重要思想为指导，深入贯彻落实科学发展观，高举旗帜、围绕大局、服务人民、改革创新，贴近实际、贴近生活、贴近群众，用马克思主义新闻观指导新闻实践，学习宣传贯彻党的理论、路线、方针、政策，继承和发扬党的新闻工作优良传统，积极传播社会主义核心价值体系，努力践行社会主义荣辱观，恪守新闻职业道德，自觉承担社会责任，敬业奉献、诚实公正、清正廉洁、团结协作、严守法纪，做到政治强、业务精、纪律严、作风正。

第一条　全心全意为人民服务。要忠于党、忠于祖国、忠于人民，把体现党的主张与反映人民心声统一起来，把坚持正确导向与通达社情民意统一起来，把坚持正面宣传为主与加强和改进舆论监督统一起来，发挥党和政府联系人民群众的桥梁纽带作用。

1. 积极宣传党和政府的重大决策部署，及时传播国内外各领域的信息，满足人民群众日益增长的新闻信息需求，保证人民群众的知情权、参与权、表达权、监督权；

2. 牢固树立群众观点，把人民群众作为报道主体和服务对象，多宣传基层群众的先进典型，多挖掘群众身边的具体事例，多反映平凡人物的工作生活，多运用群众的生动语言，使新闻报道为人民群众喜闻乐见；

3. 积极反映人民群众的正确意见和呼声，批评侵害人民利益的现象和行为，依法保护人民群众的正当权益。

第二条　坚持正确舆论导向。要坚持团结稳定鼓劲、正面宣传为主，唱响主旋律，不断巩固和壮大积极健康向上的舆论。

1. 始终坚持以经济建设为中心，服从服务于改革发展稳定大局不动摇，着力推动科学发展、促进社会和谐；

2. 宣传科学理论、传播先进文化、塑造美好心灵、弘扬社会正气，增强社会责任感，坚决抵制格调低俗、有害人们身心健康的内容；

3. 加强和改进舆论监督，着眼于解决问题、推动工作，坚持准确监督、科学监督、依法监督、建设性监督；

4. 采访报道突发事件要坚持导向正确、及时准确、公开透明，全面客观报道事件动态及处置进程，推动事件的妥善处理，维护社会稳定和人心安定。

第三条　坚持新闻真实性原则。要把真实作为新闻的生命，坚持深入调查研究，报道做到真实、准确、全面、客观。

1. 要通过合法途径和方式获取新闻素材，新闻采访要出示有效的新闻记者证。认真核实新闻信息来源，确保新闻要素及情节准确；

2. 报道新闻不夸大不缩小不歪曲事实，不摆布采访报道对象，禁止虚构或制造新闻。刊播新闻报道要署作者的真名；

3. 摘转其他媒体的报道要把好事实关，不刊播违反科学和生活常识的内容；

4. 刊播了失实报道要勇于承担责任，及时更正致歉，消除不良影响。

第四条　发扬优良作风。要树立正确的世界观、人生观、价值观，加强品德修养，提高综合素质，抵制不良风气，接受社会监督。

1. 强化学习意识，养成学习习惯，不断提高政治和业务素质，增强政治意识、大局意识、责任意识，努力成为专家型新闻工作者；

2. 深入基层、贴近群众、体验生活，在深入中了解社情民意，增进与群众的感情；

3. 坚决反对和抵制各种有偿新闻和有偿不闻行为，不利用职业之便谋取不正当利益，不利用新闻报道发泄私愤，不以任何名义索取、接受采访报道对象或利害关系人的财物或其他利益，不向采访报道对象提出工作以外的要求；

4. 尊重新闻同行，反对不正当竞争。尊重他人的著作权益，引用他人的作品要注明出处，反对抄袭和剽窃行为；

5. 严格执行新闻报道与经营活动分开的规定，不以新闻报道形式做任何广告性质的宣传，编辑记者不得从事创收等经营性活动。

第五条　坚持改革创新。要遵循新闻传播规律，提高舆论引导能力，创新观念、创新内容、创新形式、创新方法、创新手段，做到体现时代性、把握规律性、富于创造性。

1. 深入研究不同传播对象的接受习惯和信息需求，主动设置议题，善于因势利导，不断提高舆论引导能力和传播能力；

2. 认真研究传播艺术，利用现代传播手段，采用受众听得懂、易接受的方式，增强新闻报道的亲和力、吸引力、感染力；

3. 善于利用新载体、新技术收集信息、发布新闻，提高时效性，扩大覆盖面。

第六条　遵纪守法。要增强法治观念，遵守宪法和法律法规，遵守党的新闻工作纪律，维护国家利益和安全，保守国家秘密。

1. 严格遵守和正确宣传国家的民族区域自治制度、各民族平等团结和宗教信仰自由政策，维护国家主权和社会稳定；

2. 维护采访报道对象的合法权益，尊重采访报道对象的正当要求，不揭个人隐私，不诽谤他人；

3.维护未成年人、妇女、老年人和残疾人等特殊人群的合法权益，注意保护其身心健康；

4.维护司法尊严，依法做好案件报道，不干预依法进行的司法审判活动，在法庭判决前不做定性、定罪的报道和评论；

5.涉外报道要遵守我国涉外法律、对外政策和我国加入的国际条约。

第七条　促进国际新闻同行的交流与合作。要努力培养世界眼光和国际视野，积极搭建中国与世界交流沟通的桥梁。

1.在国际交往中维护祖国尊严和国家利益，维护中国新闻工作者的形象；

2.积极传播中华民族的优秀文化，增进世界各国人民对中华文化的了解；

3.尊重各国主权、民族传统、宗教信仰和文化多样性，报道各国经济社会发展变化和优秀民族文化；

4.积极参加有组织开展的与各国媒体和国际（区域）新闻组织的交流合作，增进了解、加深友谊，为推动建设持久和平、共同繁荣的和谐世界多做工作。

附则：对本《准则》，中国记协各级会员单位要结合实际制定相应实施细则，认真组织落实；全国新闻工作者要自觉执行；各级各专业记协要积极宣传和推动，欢迎社会各界监督。

《中国广播电视编辑记者职业道德准则》

广播电视是当今最具影响力的大众传媒之一，是党、政府和人民的喉舌。为加强广播电视队伍建设，倡导良好的职业精神和职业道德，规范广播电视编辑记者的职业行为，国家广电总局于

2004 年 12 月 2 日向社会公布《中国广播电视编辑记者职业道德准则》，准则共分责任、真实、公正、导向、品格、廉洁和附则七大部分，对广播电视编辑记者的职业行为做了详细的规范，要求广播电视编辑记者切实担负起弘扬民族精神、维护国家利益、传播先进文化、推动人类文明的崇高使命和社会责任；坚持客观公正的职业理念，忠于事实，追求真理；树立政治意识，大局意识，责任意识，坚持正确的舆论导向；恪守敬业奉献、诚实公正、团结协作的职业道德；严格做到遵纪守法、清正廉洁，反对任何形式的"有偿新闻"。

中国广播电视编辑记者职业道德准则（全文）

广播电视是当今最具影响力的大众传媒之一，是党、政府和人民的喉舌。为加强广播电视队伍建设，倡导良好的职业精神和职业道德，规范广播电视编辑记者的职业行为，特制定本准则。

一、责任

第一条　广播电视编辑记者所从事的事业，担负着传播先进文化，弘扬民族精神，维护国家利益，促进经济社会发展，推动人类文明的崇高使命和社会责任。

第二条　热爱祖国和人民，珍视国家和人民赋予的权利，全心全意为人民服务，为社会主义服务，为党和国家工作的大局服务。

第三条　忠诚党的新闻事业，坚持党性原则，坚定执行党的路线、方针、政策。

第四条　自觉遵守宪法和法律、法规。

第五条　保守国家秘密。

第六条 真实报道新闻，正确引导舆论，努力传播知识，热情提供服务，不断满足广大人民群众的精神和文化需要。

二、真实

第七条 广播电视编辑记者应该对报道内容的真实和准确负责，报道必须以事实为依据，不编造新闻，不歪曲、夸大事实。

第八条 消息来源必须真实可靠。应深入新闻现场采集第一手信息，保证新闻要素准确无误；未经证实的消息，应加以说明；除需要对提供信息者保密外，报道中应指明消息来源。

第九条 认真核实报道内容，包括基本事实、背景资料、引述转述语言等。对稿件中采用的声音、图像、数据、文件摘录及其他材料，做到真实、准确、科学、统一。

第十条 报道中的细节必须真实，不加以拔高、想象和夸张。报道所采用的声音、图像均应来自新闻现场或与报道主题相关的采编活动，而非个人编造或拼接。

第十一条 报道、说明、解释和评论事实时，要全面把握和正确反映社会生活的本质和主流，避免因为报道肤浅、片面而导致公众对事物的判断产生偏差或错误。

第十二条 报道一经发布，如果发现错误，应立即公开更正。

三、公正

第十三条 广播电视编辑记者应坚持客观公正的职业理念，坚持深入实际，调查研究，忠于事实，追求真理的职业精神。

第十四条 坚持准确、公正、全面、客观的报道原则。不从个人或小团体利益出发进行影响公共利益的报道。

第十五条 区分报道事实和评价事实，不将评论或猜测作为认定的事实发表。

第十六条 不参与任何可能有损于自身公正和信誉的组织及活动；不在自己服务的媒体上发表本人及亲属涉诉事件的报道和评论；不阻挠正当的舆论监督。

第十七条 正确行使舆论监督职能，勇于批评和揭露违法违纪行为、消极腐败现象和违背社会公德的不良风气，弘扬社会正气，捍卫社会公正，维护社会稳定。

第十八条 批评性或揭露性报道要有利于问题的解决。不追求所谓"轰动效应"、哗众取宠；不以个人情绪代替政策法律、发泄私愤、中伤他人。尊重被批评者申辩的权利。

第十九条 案件报道不应影响司法公正和法律判决。不偏袒诉讼任何一方；案件判决前，不作定罪、定性报道；不针对法庭审判活动进行暗访；报道公开审理的案件，应遵守相关法律规定。

第二十条 报道中避免对种族、性别、年龄、职业、宗教信仰、教育程度、居住地等的任何歧视。

四、导向

第二十一条 广播电视编辑记者必须树立政治意识，大局意识，责任意识，坚持正确的舆论导向。

第二十二条 把好政治关、事实关、安全播出关。杜绝政治导向问题和政策性错误，不给不良言论、有害信息提供传播渠道。

第二十三条 坚持正面宣传为主的方针，及时传达党的主张，反映人民呼声，营造积极健康向上的舆论环境。

第二十四条 报道内容要符合特定的政治、经济、文化、道德、习俗等社会环境要求。

第二十五条　坚持正确的新闻价值取向，维护国家尊严、民族荣誉和社会道德规范。不宣扬利己主义、拜金主义、享乐主义的人生观、价值观和生活方式。

第二十六条　坚持把社会效益放在首位，严肃认真地考虑新闻传播的社会效果。不片面追求经济利益，不报道危害国家安全、影响社会稳定、违背社会公德、损害公共利益的内容。坚持报道的高品质、高品位，不迎合庸俗、低级趣味。

第二十七条　对重大事件、社会热点和敏感问题的报道，应注意把握分寸、时机、力度，释疑解惑，积极引导。不炒作和蓄意制造舆论"热点"，误导受众。

五、品格

第二十八条　广播电视编辑记者应恪守敬业奉献、诚实公正、团结协作、遵纪守法的职业道德。

第二十九条　尊重公民和法人的名誉权、荣誉权，尊重个人隐私权、肖像权，不揭人隐私，避免损害他人名誉的报道。

第三十条　努力营造有利于未成年人健康成长的文化环境。不传播含有恐怖、暴力、色情、封建迷信和伪科学的内容。

第三十一条　报道意外事件，应顾及受害人及家属的感受，在提问和录音、录像时应避免对其心理造成伤害。

第三十二条　尊重和保护未成年人、妇女、老人和残疾人的合法权益。报道违法犯罪的未成年人和性侵犯的受害者时，录音、图像应经过特殊处理，使之不可辨认；不公布其真实姓名，不描述犯罪过程。

第三十三条　涉及使用其他新闻来源的报道时，应尊重其他新闻来源和相关作者的知识产权。对内容的选择应忠实于原作，不断章取义。

第三十四条　尊重采访对象的声明和要求，采访时应主动出示工作证件或单位介绍信。

第三十五条　保持良好的社会形象。进行报道活动时，衣着、语言和行为要符合大众审美情趣，避免在社会上产生不良影响。

第三十六条　同行之间互相尊重，互相学习，互相支持，开展正当的业务竞争。

六、廉洁

第三十七条　广播电视编辑记者应该清正廉洁，克己奉公，反对任何形式的"有偿新闻"。

第三十八条　不利用职务之便，直接或间接地为本人、亲属及其他人谋取私利。

第三十九条　不擅自组团进行采访活动，不参加他人擅自组织的采访活动。不以任何名义索要、接受和借用报道对象的钱物。

第四十条　不以批评报道相威胁或以表扬报道相引诱，为个人和小团体谋利。不以"公开曝光"、"编发内参"等方式要挟他人以达到个人目的或其他不正当目的。

第四十一条　严格区分新闻报道与广告，不以任何形式从事广告和其他经营活动。不利用新闻报道拉赞助、拉广告；不以新闻报道形式为企业或产品做变相广告或形象宣传；广告和广告信息应有明确广告标识。

第四十二条　自觉遵守有关廉政的规章制度和财经纪律，自觉接受公众和有关部门的监督。

七、附则

第四十三条　全国各广播电视制作、播出机构的编辑记者遵守本准则。

第四十四条　违犯本准则的编辑记者，将在行业内通报批评；触犯党纪政纪的，给予党纪政纪处分；触犯法律的，移送司法机关处理。

《中国广播电视播音员主持人职业道德准则》

国家广电总局于 2004 年 12 月 2 日向社会公布《中国广播电视播音员主持人职业道德准则》，对播音员主持人队伍的道德取向、素质要求和工作方法提出明确要求。《中国广播电视播音员主持人职业道德准则》着重强调广播电视播音员主持人作为有广泛社会影响的公众人物，应时刻保持谦虚谨慎，自觉追求德艺双馨；在工作和生活中保持良好的仪表和文明举止，自尊自爱，通过严格约束日常行为，树立良好形象，维护媒体公信力；规范使用语言文字，维护祖国语言文字的纯洁。准则并规定，播音员主持人不得将自己的名字、声音、形象用于任何带有商业目的的文章、图片及音像制品中。

中国广播电视播音员主持人职业道德准则（全文）

广播电视是当今最具影响力的大众传媒之一，是党、政府和人民的喉舌。为加强广播电视队伍建设，倡导良好的职业精神和职业道德，规范广播电视播音员主持人的职业行为，特制定本准则。

一、责任

第一条　广播电视播音员主持人所从事的事业，担负着传播先进文化，弘扬民族精神，维护国家利益，促进经济社会发展，推动人类文明的崇高使命和社会责任。

第二条　热爱祖国和人民，珍视国家和人民赋予的权利，全心全意为人民服务，为社会主义服务，为党和国家工作的大局服务。

第三条　忠诚党的新闻事业，坚持党性原则，坚定执行党的路线、方针、政策。

第四条　自觉遵守宪法和法律、法规。

第五条　保守国家秘密。

第六条　真实报道新闻，正确引导舆论，努力传播知识，热情提供服务，不断满足广大人民群众的精神和文化需要。

二、品格

第七条　广播电视播音员主持人应恪守敬业奉献、诚实公正、团结协作、遵纪守法的职业道德，谦虚谨慎，追求德艺双馨。

第八条　坚持播出内容与播出形式的高品质、高品位，不迎合低级趣味，拒绝有害于民族文化、社会公德的庸俗报道。

第九条　努力营造有利于未成年人健康成长的文化环境。不动员未成年人参与可能损害他们性格和感情的节目；对有可能被未成年人模仿而导致不良后果的播出内容和播出形式要加以防范。

第十条　采访意外事件，应顾及受害人及亲属的感受，在提问和录音、录像时应避免对其心理造成伤害。

第十一条　尊重公民和法人的名誉权、荣誉权，尊重个人隐私权、肖像权。不揭人隐私，避免损害他人名誉的报道。

第十二条　尊重和保护未成年人、妇女、老人和残疾人的合法权益。报道违法犯罪的未成年人和性侵犯的受害者时，录音、图像应经过特殊处理，使之不可辨认；不公布其真实姓名，不描述犯罪过程。

第十三条　同行之间互相尊重，互相学习，互相支持，开展正当的业务竞争。

三、形象

第十四条　广播电视播音员主持人直接代表广播电台、电视台的形象，言谈举止有着广泛的社会影响和示范效应，应自觉树立良好形象，维护媒体公信力。

第十五条　树立良好的声屏形象，尊重大众审美情趣和欣赏习惯。服饰、发型、化妆、声音、举止等要与节目（栏目）定位相协调，大方、得体，避免媚俗。

第十六条　形象设计要符合中华民族的文化传统，不盲目模仿境外和外国人的形象，不用外国人的名字作艺名。

第十七条　少儿节目主持人的服饰、发型、化妆、声音、举止要充分考虑到对未成年人的影响，展示积极健康向上的形象和精神风貌。

第十八条　严格约束日常行为。在工作和生活中要保持良好仪表和文明举止；自尊自爱，不参加任何有损于媒体形象、自身形象的组织和活动；要有公众人物的自觉意识，接受社会、公众和媒体较常人更为严格的监督。

第十九条　确立正确的公众人物观念。尊重观众、听众，热情礼貌地对待观众、听众；不以个人知名度和社会影响寻求利益，谋求优惠、照顾和方便；在涉及个人的纠纷中，不以强调个人工作身份和个人知名度影响、干扰和破坏法律、法规的实施。

第二十条　努力提高政治素养、文化内涵、语言能力、心理素质，保持外在形象和内在素质的和谐统一。

四、语言

第二十一条　广播电视播音员主持人要积极推广、普及普通话，规范使用通用语言文字，维护祖国语言和文字的纯洁，发挥示范作用。

第二十二条　除特殊需要，一律使用普通话。不模仿有地域特点的发音和表达方式，不使用对规范语言有损害的口音、语调、粗俗语言、俚语、行话，不在普通话中夹杂不必要的外文。

第二十三条　用词造句要遵守现代汉语的语法规则，语序合理，修辞恰当，层次清楚。避免滥用方言词语、文言词语、简称略语或生造词语。

第二十四条　表达要通俗易懂、准确生动、富有内涵、朴素大方。避免艰涩、易生歧义的语言和煽情、夸张的表达。

第二十五条　不追求低俗的主持风格和极端个人化的主持方式。

第二十六条　与受众和嘉宾平等交流、沟通，做到相互尊重、理解、通达、友善，赢得公众信赖。

五、廉洁

第二十七条　广播电视播音员主持人应该清正廉洁，自觉抵制拜金主义、享乐主义、个人主义的侵蚀，反对任何形式的"有偿新闻"。

第二十八条　不利用工作、身份之便，直接或间接地为本人、亲属及其他人谋取私利。

第二十九条　不以任何名义索要、接受和借用采访对象的任何钱物，采访活动中不提出与工作无关的个人要求。

第三十条　严格区分新闻报道与广告。不以新闻报道形式为企业或产品做变相广告或形象宣传。

第三十一条　不从事广告和其他经营活动。不将自己的名字、声音、形象用于任何带有商业目的的文章、图片及音像制品中。

第三十二条　不私自从事未经本单位批准的节目主持、录音、录像、配音工作及以个人赢利为目的的社会活动。

第三十三条　自觉遵守有关廉政的规章制度和财经纪律，自觉接受人民群众的监督。

六、附则

第三十四条　全国各广播电视制作、播出机构的播音员主持人遵守本准则。

第三十五条　违犯本准则的播音员主持人，将在行业内通报批评；触犯党纪政纪的，给予党纪政纪处分；触犯法律的，移送司法机关处理。

《新闻从业人员职务行为信息管理办法》

2014 年 6 月 30 日，国家新闻出版广电总局印发《新闻从业人员职务行为信息管理办法》。《办法》要求，新闻单位应加强对新闻从业人员职务行为信息的规范管理。

《办法》明确，新闻单位的记者、编辑、播音员、主持人等新闻采编人员及提供技术支持等辅助活动的其他新闻从业人员，在从事采访、参加会议、听取传达、阅读文件等职务活动中，获取的各类信息、素材以及所采制的新闻作品，其中包含国家秘密、商业秘密、未公开披露的信息等，都属于职务行为信息，应加强管理。各新闻单位应依法与所属的新闻从业人员签订保密承诺书和职务行为信息保密协议，完善内部管理制度。

新闻从业人员职务行为信息管理办法（全文）

第一条　为加强新闻从业人员职务行为信息的管理，规范新闻传播秩序，根据《保守国家秘密法》、《劳动合同法》、《著作权法》等有关法律法规，制定本办法。

第二条　本办法所称新闻从业人员职务行为信息，是指新闻单位的记者、编辑、播音员、主持人等新闻采编人员及提供技术支持等辅助活动的其他新闻从业人员，在从事采访、参加会议、听取传达、阅读文件等职务活动中，获取的各类信息、素材以及所采制的新闻作品，其中包含国家秘密、商业秘密、未公开披露的信息等。

第三条　新闻单位要坚持依法依规、趋利避害、善管善用、可管可控的原则，加强职务行为信息管理，确保新闻从业人员职务行为信息使用科学合理、规范有序。

第四条　新闻单位应健全保密制度，对新闻从业人员在职务行为中接触的国家秘密信息，应明确知悉范围和保密期限，健全国家秘密载体的收发、传递、使用、复制、保存和销毁制度，禁止非法复制、记录、存储国家秘密，禁止在任何媒体以任何形式传递国家秘密，禁止在私人交往和通信中涉及国家秘密。

新闻从业人员上岗应当经过保密教育培训，并签订保密承诺书。

第五条　新闻单位应按照《劳动合同法》的有关规定，

与新闻从业人员就职务行为信息中的商业秘密、未公开披露的信息、职务作品等与知识产权相关的保密事项，签订职务行为信息保密协议，建立职务行为信息统一管理制度。

保密协议须分类明确新闻从业人员职务行为信息的权利归属、使用规范、离岗离职后的义务和违约责任。

新闻从业人员不得违反保密协议的约定，向其他境内外媒体、网站提供职务行为信息，或者担任境外媒体的"特约记者"、"特约通讯员"、"特约撰稿人"或专栏作者等。

第六条　新闻从业人员不得利用职务行为信息谋取不正当利益。

第七条　新闻从业人员以职务身份开设博客、微博、微信等，须经所在新闻单位批准备案，所在单位负有日常监管职责。

新闻从业人员不得违反保密协议的约定，通过博客、微博、微信公众账号或个人账号等任何渠道，以及论坛、讲座等任何场所，透露、发布职务行为信息。

第八条　新闻从业人员离岗离职要交回所有涉密材料、文件，在法律规定或协议约定的保密期限内履行保密义务。

第九条　新闻单位须将签署保密承诺书和职务行为信息保密协议，作为新闻从业人员劳动聘用和职务任用的必要条件，未签订的不得聘用和任用。

第十条　新闻采编人员申领、换领新闻记者证，须按照《新闻记者证管理办法》的规定提交有关申报材料，申报材料中未包含保密承诺书和职务行为信息保密协议的，不予核发新闻记者证。

第十一条　新闻单位应在参加新闻记者证年度核验时，向新闻出版广电行政部门报告新闻从业人员保密承诺书和保密协议签订、执行情况。

第十二条　新闻从业人员违反保密承诺和保密协议、擅自使用职务行为信息的，新闻单位应依照合同追究违约责任，视情节作出行政处理或纪律处分，并追究其民事责任。

第十三条　新闻单位的主管主办单位应督促所属新闻单位健全保密承诺和保密协议制度，履行管理责任；新闻出版广电行政部门应加强本行政区域内新闻单位职务行为信息管理情况的日常监督检查。

第十四条　新闻从业人员擅自发布职务行为信息造成严重后果的，由新闻出版广电行政部门依法吊销新闻记者证，列入不良从业行为记录，做出禁业或限业处理。

第十五条　新闻单位对新闻从业人员职务行为信息管理混乱，造成失密泄密、敲诈勒索、侵权等严重问题的，由新闻出版广电行政部门等依法查处，责令整改，对拒不改正或整改不到位的不予通过年度核验，情节严重的撤销许可证，并依法追究新闻单位负责人和直接责任人的责任。

第十六条　新闻从业人员违反规定使用职务行为信息造成失密泄密的，依法追究相关人员责任，涉嫌违法犯罪的移送司法机关处理。

第十七条　本办法自发布之日起施行。

《新闻出版广播影视从业人员廉洁行为若干规定》

2015 年 8 月 21 日，国家新闻出版广电总局印发了《新闻出版广播影视从业人员廉洁行为若干规定》，提出了"六个禁止"，从禁止有偿、虚假新闻；禁止业务数据造假；禁止滥发津贴、劳务费；禁止假署名；禁止利用职业便利收受好处和禁止牟取不正当利益等六个方面规范新闻出版广播影视从业人员职业行为。

新闻出版广播影视从业人员廉洁行为若干规定（全文）

第一条　为规范新闻出版广播影视从业人员职业行为，根据国家有关法律法规，针对业内违规违纪易发多发问题，制定本规定。

第二条　新闻出版广播影视从业人员必须廉洁从业，做到"六个严禁"：

（一）严禁从事各种有偿新闻和虚假新闻活动；

（二）严禁参与发行量、点击量、票房、收视收听率、广告投放量等业务数据造假；

（三）严禁违规使用新闻出版广播影视公共资金滥发津补贴、奖金、劳务费；

（四）严禁在未实际参与创作的非职务作品中以创作者身份署名；

（五）严禁借审批许可、评奖评估、出版发行、节目制播、广告经营、设备采购等职务便利收受管理服务单位或个人提供的钱物及其他好处；

（六）严禁利用新闻出版广播影视行业资源牟利或向特定关系人输送不当利益。

第三条　违反本规定的，按照管理权限，由所属单位作出处理：

（一）情节较轻的，给予批评教育，责令检查，取消评奖评优评先资格；

（二）情节较重的，延缓职务职称晋升，暂停原岗位工资，实行关键岗位工作限制；

（三）情节严重的，降低岗位等级，依法解除聘用或劳动关系。

第四条 违反本规定应予行政处罚的，由有关主管部门依据《行政处罚法》和有关法律法规实施，对情节严重者，可依法吊销执业资格证书。

第五条 违反本规定构成违纪的，依据相关纪律处分或行政处分规定处理，涉嫌犯罪的，移送司法机关依法处理。

第六条 本规定适用于新闻出版广播影视行政机关公务员，事业单位、国有企业和社团从业人员。

第七条 新闻出版广播影视单位应将本规定要求纳入与从业人员签订的聘用合同和劳动合同，并纳入与合作方签订的业务合同。

第八条 新闻出版广播影视单位可结合实际制定实施细则。

第九条 本规定由国家新闻出版广电总局负责解释。

第十条 本规定自发布之日起施行。

《新闻出版广播影视从业人员职业道德自律公约》

2015年9月15日，国家新闻出版广电总局主管的50家社团联合签署了《新闻出版广播影视从业人员职业道德自律公约》，向行业和社会郑重承诺，认真执行《自律公约》，加强行业自律，坚守职业道德，严以修身，严于律己，诚实守信，繁荣出版，服务人民。《自律公约》集中了行业的集体智慧，内容反映行业实际，体现行业发展规律的要求，明确了从业人员应执行的纪律，应遵守的规矩，简明易行，便于共同遵守和互相监督检查，有很强的现实指导意义和可操作性。

新闻出版广播影视从业人员职业道德自律公约（全文）

第一条　为践行社会主义核心价值观，追求职业理想，加强职业道德建设，遵守宪法法律法规，倡导弘扬行业良好风尚，新闻出版广播影视行业社团共同制定签署本公约。

第二条　新闻出版广播影视从业人员实行以下职业道德行为自律：

（一）维护党的领导和国家利益，不发表或传播损害党和国家形象的言论；

（二）秉持真实客观公正原则，不搞有偿新闻和虚假新闻；

（三）传递正能量，不在网络及其他媒介上制作或传播有害信息；

（四）追求健康向上的文化品位，不使用低俗粗俗媚俗的语言、文字和图像；

（五）确保制作服务质量，不提供粗制滥造的出版物、视听作品和技术服务；

（六）对社会公众负责，不制作、代言和传播虚假广告；

（七）崇尚契约精神，不做出影响行业诚信和秩序的违约行为；

（八）积极自主创新，不抄袭剽窃他人创意及成果；

（九）开展健康的媒介与文艺批评，不贬损他人名誉及作品；

（十）树立良好职业形象，不涉"黄赌毒"和违反公序良俗的行为。

第三条　签约社团将本公约相关内容纳入社团章程实施

管理。

第四条　签约社团会员单位将本公约相关内容纳入与从业人员签订的聘用合同和劳动合同，并纳入与合作方签订的业务合同。

第五条　违背本公约者，根据情节轻重，由会员单位或行业社团责令其向受害人或社会公众道歉；在一定范围内批评和谴责；依据有关规定予以惩戒；按类别纳入不良行为记录。

第六条　严重违背本公约造成极其恶劣社会影响者，会员单位 3 年内均不予聘用、录用或使用。

第七条　邀请行业其他机构和人员加入本公约。

第八条　欢迎社会各界对本公约的实施进行监督。

第九条　本公约自公布之日起生效。

《中国记协新闻道德委员会章程（试行）》

2016 年 3 月 21 日，《中国记协新闻道德委员会章程（试行）》正式公布。章程共 5 章 21 条，内容包括总则、组织、职责、工作机制、附则等，明确中国记协新闻道德委员会全体会议是新闻道德委员会的最高议事和决策机构，道德委办公室作为日常办事机构设在中国记协。

中国记协新闻道德委员会章程（试行）（全文）

第一章　总则

第一条　中国记协新闻道德委员会（以下简称"道德委"）是新闻行业加强职业道德建设的自律机构。

第二条　道德委依据国家有关新闻工作的法律法规、《中华全国新闻工作者协会章程》、《中国新闻工作者职业道德准则》，规范职业行为，防范失德风险，推广典型经验，推动行风建设，建立完善内部管理与外部监督相结合、自律与他律相结合的工作机制，引导督促新闻机构及新闻从业人员遵守法律法规、承担社会责任、恪守职业道德，培养造就一支政治坚定、业务精湛、作风优良、党和人民放心的新闻舆论工作队伍。

第二章　组织

第三条　道德委委员由新闻宣传管理部门、新闻行业组织、新闻单位、新闻院校及新闻科研院所代表和具有广泛代表性的社会各界人士担任，由各有关单位推荐产生，任期五年。道德委可根据工作需要对委员进行调整。

第四条　道德委最高议事机构是全体会议。道德委推举主任委员一名、副主任委员若干名、秘书长一名。

第五条　道德委办公室是日常办事机构，设在中国记协。

第三章　职责

第六条　受理社会各界对新闻机构以及新闻从业人员违反新闻职业道德行为的举报和投诉。

第七条　对新闻机构及新闻从业人员违反职业道德行为进行监督，对典型案例进行评议，提出处理意见。

第八条　对新闻道德方面的苗头性倾向性问题进行调研，实施动态监测，提出风险预警。

第九条　组织实施对新闻机构及新闻从业人员职业道德状况社会满意度测评，推出新闻职业道德模范。

第十条　对建立健全新闻法律法规和行业管理制度，推动新闻行业职业道德建设制度化提出建设性意见。

第十一条　组织开展媒体社会责任报告试点工作，对媒体履行社会责任情况进行评议。

第十二条　组织开展新闻职业道德培训和理论研究，总结、推广典型经验和做法。

第四章　工作机制

第十三条　道德委全体会议每年不少于3次，可根据主任委员提议举行专门会议。会议可邀请专业人士、有关单位代表及其他相关人员参加。

第十四条　道德委全体会议须达到应到委员的三分之二。全体会议形成的决议须经参加会议三分之二以上的委员表决通过。

第十五条　在全会休会期间，道德委办公室采取座谈会、电话、信函和电子邮件等方式，汇集委员的意见建议；编发新闻道德委员会情况通报分送委员。

第十六条　道德委办公室向社会公布举报投诉电话、通讯地址和电子信箱。

第十七条　办理举报投诉的主要方式：（一）分送有关地方和单位核查，要求反馈落实情况；（二）道德委办公室进行核实后，召开道德委全体会议或专门会议进行评议并形成处理意见；（三）转交相关党政部门处理。

第十八条　道德委根据违反新闻职业道德行为的情节进行如下处理：（一）要求提交整改措施；（二）要求及时更正并公开道歉；（三）全行业通报；（四）通过新闻媒体向社会公布；（五）记录不良从业行为档案；（六）向新闻宣传管理部门、新闻机构主管主办单位或新闻行业组织及其上级纪检监察机关提出处理建议；（七）对涉嫌犯罪的向司法机关进行检举。

第十九条　道德委作出的决议和评议意见应征求律师意见，由道德委主任委员、驻会副主任委员审定批准生效。

第五章　附则

第二十条　道德委评议对象包括，国家有关行政部门依法批准设立的境内报纸出版单位、新闻性期刊出版单位、通讯社、广播电台、电视台、新闻网站、新闻电影制片厂等具有新闻采编业务的单位，以及上述新闻机构的新闻从业人员。

第二十一条　本章程由道德委全体会议通过后生效。道德委办公室依据本章程制定相应的工作细则。本章程由中国记协负责解释。

第三部分

广播电视常识

一、新中国广播电视发展简况

复习要点提示

- 了解并识记新中国广播电视发展中，如延安新华广播电台、北平新华广播电台、中央广播事业局、广播电视部、国家广播电影电视总局、国家新闻出版广电总局、中央人民广播电台、中国国际广播电台、中央电视台、中国国际电视台（中国环球电视网）、央广网、国际在线以及中国网络电视台等媒体的简况。

延安新华广播电台

中国共产党创办的第一座人民广播电台，1940 年 12 月 30 日在延安开始播音，呼号 XNCR，是中央人民广播电台的前身。1941 年 12 月 3 日开办日语广播。1943 年春，因电子管损坏而暂停播音。1945 年 8 月中旬于抗战胜利之时恢复播出。解放战争时期，1947 年 3 月中旬迁至瓦窑堡（现子长县）继续播音，于 3 月 21 日改名为陕北新华广播电台。此后，随着战局形势的发展，曾先后转移到河北省涉县、平山县境内播音。从 1947 年 9 月起开办了英语广播节目。延安、陕北台的节目及时宣传中国共产党和人民军队的政策和主张，办有新闻、评论节目，并办有《解放区介绍》《人民呼声》《对国民党军广播》等专题节目。国统区听众称之为"茫茫黑夜中的灯塔"，在解放战争中起到巨大作用。

1949 年 3 月 25 日，陕北台迁进北平，改名为北平新华广播电台，开始具有中央台的性质，播音时间逐年增加。同年 9 月 27 日改名北京新华广播电台，12 月 5 日定名为中央人民广播电台。延安时期的广播发射机，1956 年被送到中国人民革命历史博物馆。

北平新华广播电台

中央人民广播电台的前身。陕北新华广播电台于 1949 年 3 月 25 日进入北平后使用的台名，同年 9 月 1 日改名北平新华广播电台第一台，9 月 27 日又改名北京新华广播电台第一台，12 月 5 日定名为中央人民广播电台。另外也是北京人民广播电台最初的台名。

1949 年 2 月 2 日开始播音，陕北台迁进北平使用此名后，即改名北平人民广播电台。同年 9 月 1 日起，改称北平新华广播电台第二台，同年 12 月 5 日，又改称北京人民广播电台。

中央广播事业局

简称广播事业局。中华人民共和国原主管广播电视工作的部门，1949 年 10 月成立，当时属中央人民政府新闻总署领导。1952 年 2 月新闻总署撤销后，由政务院文化教育委员会领导，宣传业务由中共中央宣传部领导。1954 年 11 月起为国务院直属机构，技术行政业务由国务院第二办公室（一度由文化部）领导，宣传业务仍由中宣部领导。主要职责为领导和管理全国各地的广播电台和电视台，制定广播电视事业发展规划，代表国家参与相应国际行业组织等。历任局长有：李强、梅益、邓岗、张香山等。1982

年 5 月，根据第五届全国人民代表大会常务委员会第 23 次会议决定撤销该局，其职责划归新成立的广播电视部。

广播电视部

中华人民共和国原主管广播电影电视工作的政府部门，它既是宣传机关，又是事业管理机关。1949 年 6 月，称为中国广播事业管理处。1949 年 10 月中华人民共和国成立起，中央人民政府政务院设广播事业局（后改称中央广播事业局）。1982 年 5 月，全国人民代表大会撤销中央广播事业局，成立广播电视部。1986 年 1 月，改为广播电影电视部。1998 年 3 月，改为国家广播电影电视总局。

国家广播电影电视总局

国家广播电影电视总局，简称广电总局，负责广播电影电视和信息网络视听节目服务的法律法规草案、宣传创作的方针政策、舆论导向和创作导向的把握、事业产业发展规划、节目的进口和收录管理、活动宣传交流监管等一系列与影视娱乐相关的业务。

国家广播电影电视总局前身为广播电影电视部，1998 年 3 月更名为国家广播电影电视总局，2013 年国务院将新闻出版总署、广电总局的职责整合，组建国家新闻出版广播电影电视总局。

国家新闻出版广电总局

中华人民共和国国家新闻出版广电总局（简称：新闻出版广电总局），是国务院直属机构，正部级单位。总局负责促进国家的新闻出版广播影视业繁荣发展。国家新闻出版广电总局加挂国家版权局牌子。

新闻出版广电总局负责新闻出版、广播电影电视和信息网络视听节目服务的法律法规草案、宣传创作的方针政策、舆论导向和创作导向的把握、事业产业发展规划、节目的进口和收录管理、活动宣传交流监管等一系列与影视娱乐相关的业务。

新闻出版广电总局的前身是国家新闻出版总署和国家广播电影电视总局。2013 年 3 月 14 日国务院将新闻出版总署、国家广播电影电视总局的职责整合，组建国家新闻出版广电总局。

中央人民广播电台（CNR）

中国国家广播电台，是中国重要的、最具影响力的综合性大型传媒之一，也是世界上最大的华语广播机构。中央人民广播电台创办于 1940 年 12 月 30 日，前身为延安新华广播电台；1949 年 12 月 5 日正式定名为中央人民广播电台。中央人民广播电台英文译名为 China National Radio，缩写为 CNR。

中央人民广播电台是中国唯一覆盖全国的广播电台，拥有听众超过 7 亿，是世界上拥有听众最多的广播电台之一。已开办中国之声、经济之声、音乐之声、都市之声、中华之声、神州之声、华夏之声、民族之声、文艺之声、老年之声、藏语广播、维吾尔语广播、娱乐广播、香港之声、中国高速公路交通广播、中国乡村之声等 16 套广播频率。

以广播为依托，中央人民广播电台全面开展新媒体业务，拥有目前中国最大的广播音频网站"中国广播网"及"中国民族广播网"、"你好，台湾网"、网络电台"银河台"，开办了 4 套数字广播节目、2 套数字电视频道《幸福购物》和《家庭健康》、1 套手机电视频道《央广视讯》及 3 套手机广播节目。2012 年，央广手机台在三大运行商平台用户总数 8600 多万，在专网手机视频业内排名第一，已成为国内目前最大的正版手机电视节目版权集成运营平台。此外，中央人民广播电台还主办了《中国广播》杂志、《音乐之声》杂志和《中国广播报》等平面媒体，设有中国广播音像出版社等机构。目前，中央人民广播电台已成为包括传统广播、报刊出版、互联网电视、手机电视、手机广播等在内的全媒体生产主体。中央人民广播电台下设的全资公司——央广传媒发展总公司，已成为中国广播产业开发的重要标志。

中央人民广播电台在中国各省、自治区、直辖市、计划单列市及香港、澳门特别行政区设有40个记者站，在中国台湾地区派有驻点记者；在解放军四总部、各大军区、各军兵种、武警部队等分别设置19个军事记者站。中央人民广播电台发起并成立了拥有全国210家电台的中国广播联盟和中国广播电视协会广播版权委员会，并携手世界各大华语广播机构建立了全球华语广播网，与全球大多数国家和地区的知名传媒机构建立了广泛的业务合作关系。

中央人民广播电台拥有国内领先，国际一流的数字多媒体演播厅、录音棚和音乐厅，节目制作、存储、播出、传输全面实现数字化。

中央人民广播电台是中国拥有高水平广播专业人才最多的广播电台，拥有强大的节目制作能力和一流的节目制作水平，节目多次获得国际和国内大奖，在中国乃至世界广播界享有盛誉。

中国国际广播电台（CRI）

它是我国唯一一家专门从事国际传播的广播传媒。创办于1941年12月3日，英文译名为 China Radio International，缩写为CRI。目前使用65种语言全天候向世界传播，是全球使用语种最多的国际传播机构。

中国国际广播电台以"向世界介绍中国，向中国介绍世界，向世界报道世界，增进中国人民与世界人民之间的了解和友谊"为宗旨，以"中国立场、世界眼光、人类胸怀"为传播理念，实现了由单一媒体向综合媒体转变、由对外广播向国际传播转变、由本土媒体向跨国媒体转变，拥有广播、视频、平面媒体、新媒体、影视译制和产业六大集群，正积极建设现代、综合、新型国际传媒集团。

2007 年，中国国际广播电台成立了广播孔子学院，先后在国外新建了十几家广播孔子课堂，开展汉语教学和中国文化推广。

2009 年，中国国际广播电台推出面向移动互联网用户的"移动国际在线"英文版。用户可以通过手机随时浏览"移动国际在线"提供的新闻、财经、娱乐、旅游资讯，学习简单实用的汉语。2011 年，"移动国际在线"法文版、西班牙文版正式上线。

2011 年 1 月 18 日，中国国际广播电台开办中国国际广播电视网络台（China International Broadcasting Network，简称 CIBN）。它是新媒体领域的国家广播电视播出机构，是中国国际广播电台适应当代网络、数字等新媒体技术发展趋势，实现无疆界、跨媒体综合传播作出的重大选择。中国国际广播电视网络台以多语种网络电视频道和多语种移动服务终端等新媒体业态，致力于向全球受众提供更好的时事、政治、经济、文化、体育、旅游、社会和汉语教学等综合信息服务。2011 年 11 月 29 日，CIBN 互联网电视正式开播，天地视频网站正式上线，为全面打造 CIBN 核心竞争力，完善 CIBN 传播新格局奠定坚实基础，推进中国国际广播电台加快实现由传统单一媒体向广播电视综合媒体转型。

中国国际广播电台在世界重要国家和地区建有 38 个海外地区总站和记者站，并在国内各省、市、自治区以及香港、澳门特别行政区建有记者站，拥有庞大的信息网。

中央电视台（CCTV）

中国国家电视台，1958 年 5 月 1 日试播，当年 9 月 2 日正式播出。初名北京电视台，1978 年 5 月 1 日更名为中央电视台，英文译名为 China Central Television，缩写为 CCTV。

中央电视台是中国重要的新闻舆论机构，是党、政府和人民的重要喉舌，是中国重要的思想文化阵地，是当今中国最具竞争力的主流媒体之一，具有传播新闻、社会教育、文化娱乐、信息服务等多种功能，是全国公众获取信息的主要渠道，也是中国了解世界、世界了解中国的重要窗口，在国际上的影响正日益增强。

中央电视台始终坚守"国家责任、全球视野、人文情怀"，基本建立覆盖全球的立体多样、融合发展的国际传播体系。目前，拥有 50 个电视频道（16 个公共频道、21 个数字付费频道、13 个境外 / 外语频道），31 个国内记者站，与 50 家地方电视台建立直播联盟体系，71 个海外记者站站点（2 个海外分台、5 个区域中心站和 64 个驻外记者站），数量在全球电视媒体中位居首位，形成全球化的新闻采编网络。央视是全球唯一每天用 6 种联合国工作语言不间断对外传播的电视媒体。央视节目在 171 个国家和地区落地播出，同时拥有 130 万小时视音频资料。其网络媒体是中国网络电视台（简称央视网；英文：China Network Television，简称 CNTV）。

央视已形成以电视传播为主业，电影、报刊、音像出版、新媒体等相互支撑的全媒体宣传、广告经营和产业拓展的多元化经营格局，每天有 7 亿中国观众收看央视节目。

中国国际电视台（中国环球电视网）

2016 年 12 月 30 日，中国中央电视台宣布推出中国国际电视台（中国环球电视网），英文是 CHINA GLOBAL TELEVISION NETWORK，简称 CGTN。

CGTN 是一个多语种、多平台媒体集群。它由 6 个电视频道、3 个海外分台、1 个视频发稿通讯社和新媒体机构等组成。原 CCTV NEWS 频道被重新命名为 CGTN，是 24 小时新闻频道，也是新机构的主打频道。

CCTV 西班牙语、法语、阿拉伯语和俄语频道更名为 CGTN 西班牙语、法语、阿拉伯语和俄语频道。CCTV 纪录国际频道更名为 CGTN 纪录频道。中国环球电视网的域名为 CGTN.COM。

CGTN 将加强全球报道能力建设，着力打造移动新媒体平台，探索媒体深度融合之路，以更丰富的内容、更高的专业品质为全球受众提供更好的服务。

央广网（www.cnr.cn）

央广网由中央人民广播电台主办，是中央重点新闻网站。其前身是于 1998 年 8 月注册开通的中央人民广播电台网站，全称"中国广播网"。

目前拥有新闻、财经、评论、军事、娱乐、体育、旅游、游戏、图库、视频等门类众多的专业频道 50 多个，以及吉林、黑龙江、浙江、河南、广西、甘肃等 20 家地方频道。中国广播网依托于中央人民广播电台中国之声、经济之声等 16 套广播频率、中国广播联盟 180 余家成员台和驻全国 39 个地方站及军队、武警等 1000

多名记者，以独家、快速的原创报道闻名，并以音频收听为特色。为了满足用户更多需求，秉持"三屏融合"理念的中国广播网不断拓展在 PC 端、手机端、视频端的业务布局，目前有中国广播网、中国广播集成平台、央广之声（有声阅读）、银河互联网电视等四大新媒体业务板块，发展成为优势突出、特色鲜明的多媒体集群网站。

国际在线（www.cri.com.cn）

国际在线于 1998 年 12 月 26 日正式发布，是由中国国际广播电台（简称"CRI"）主办的国家重点新闻网站。

国际在线是中国语种最多的网络平台，通过 61 种语言对全球进行传播，受众遍布全球五大洲 180 多个国家和地区，是全球语言种类最多、传播地域最广、影响人群最大的多语种、多应用、多终端网站集群。国际在线旨在介绍中国的政治、经济、体育和文化等各个方面，主要提供新闻、文化和经济类信息，并以丰富的音频节目为特色，现已发展成为囊括了环球网络电台、网络电视和播客平台等新媒体在内的多媒体集群网站。

中国网络电视台（CNTV）

中国网络电视台由央视国际网络有限公司主办，是中央电视台旗下的国家网络广播电视播出机构，于 2009 年 12 月 28 日正式开播。英文译名为 China Network Television，简称 CNTV。域名为 www.cntv.cn。

中国网络电视台充分发挥电视平台和网络平台的双平台优势，对国际国内重大政治、经济、社会、文化、体育等活动和事件以网络视听的形式进行快速、真实的报道和传播；同时着力为全球用户提供包括视频直播、点播、上传、搜索、分享等在内的，方便快捷的"全功能"服务，成为深受用户喜爱的信息娱乐网络视频公共服务平台。中国网络电视台以"参与式电视体验"为产品理念，在对传统电视节目资源再生产、再加工以及碎片化处理的同时，着力打造网络原创品牌节目，鼓励网友原创和分享。注重用户体验，不断完善服务体系，让网友在轻松体验高品质视听服务的同时，更多地参与到网络互动中来。

二、广播电视节目概述

复习要点提示

- 了解广播电视传播符号。
- 熟悉广播电视的传播特点。
- 掌握广播电视新闻的语言表达。
- 了解新媒体以及媒体融合、网络直播、拍客、UGC（用户生产内容）、网络主播等概念。

广播电视节目

广播电视节目是广播电台、电视台所有播出内容的基本组织形式和播出形式。它是一个按时间段划分、按线性传播的方式安排和表现内容、依时间顺序播送内容的多层次系统。就一个台来说，至少包括三个层次：

（1）一套节目，即一个台每天以同一呼号或在同一频率、频道中播出的全部节目，它们是按时间顺序排列的节目群，形成节目的顺时链。

（2）一个节目，即在特定时间段、连续播出的具体内容整体，这个节目既是顺时链的一环，自身又可由每天在同一时间段播出的多次节目组成自成一体的历时链，属于整个节目系统的基本层，又称作栏目。

（3）一次节目，即在当天某一特定时间播出的具体内容的整体，它是节目历时链的具体环节，属于整个节目系统的基础层次。

这三个层次以统辖—隶属的关系，构成了一个台的有机节目系统。如果一个台有几套节目，那么在同一时间内就有几个节目在播出，这些节目之间又形成了共时链的关系。整个系统形成了梯级构建。而作为节目系统的基础层次的一次节目，本身也是完整的微观系统，往往包含着一系列下属概念，如报道形式、样式、体裁等。

广播、电视节目存在着多种分类。按内容性质可分为新闻性节目、教育性节目、文艺性节目和服务性节目；按内容构成和组合形式可分为综合节目、专题节目、杂志型节目；按播出方式可分为直播节目和录播节目；按播出时间可分为定期节目、特别节目、插播节目；按播出次数与内容的关系可分为首播节目、重播节目和滚动节目，等等。

广播电视的传播特点

广播的传播特点主要有：

（1）传播迅速，信息量大。

广播的采录设备小巧灵活、机动性强，制作简单，便于记者迅速采制报道，能够在第一时间发布信息，甚至做到于事件发生发展过程中进行同步报道。

（2）听众广泛，覆盖面广。

听众收听广播受到的限制相对较小，不需要受众具有很高的文化程度，听众范围较广泛。广播媒介的覆盖相对于电视媒介也更容易；广播可以伴随接收——边做事情边收听或在移动状态下收听。因而常被称为伴随型媒介，扩大了接受的可能。这一特色使广播在未来的媒介格局中拥有了更大的主动权。

（3）声情并茂，参与性强。

通过声音传递信息，使广播相对来说具有更强的传真、传情的能力，更具亲和力和参与感。另外从技术上说，受众直接参与广播节目的方便性、隐匿性特点，也使得广播的参与性强于其他媒介。

（4）转瞬即逝，不易保存。

广播是以声音为唯一传播符号的媒介，听众在收听的过程中，信息转瞬即逝，使受众对传播内容不易留下深刻印象，特别是对一些复杂抽象的内容，很难在稍纵即逝的条件下获得透彻理解。相对来说，报纸、杂志则可以通过反复阅读、思考，来理解难懂的问题或语词。另外，广播节目如要保存必须事先准备好录音设备，不便于受众随时随地保存信息。

（5）线性传播的选择性差。

报纸以"面"的、实体的形式呈现在读者面前，读者读报可以按自己的需要和兴趣选择内容，拥有较强的自主权和选择权。而广播则需按时间顺序安排内容，以接连不断的"线"性形式一一呈现出来，受众只能依顺序接收，很难自主选择自己喜爱的节目和内容，也就难以主动把握重点。在特定时间里，受众只能有效地接收一套节目，不能提前、不能推后，更不能错过接收时间。受众的选择权是不完全的。

电视的传播特点主要有：

（1）信息符号视听兼备，声像互动，可以传递比其他媒介更多的信息。电视同时调动图像、声音、文字和画面景别、角度、色彩等手段传播信息，以达到真实、全面、生动地反映社会生活的目的。

（2）长于再现，重构时空，现场感强烈。电视在真实再现事物的变化过程方面，具有得天独厚的优势。在现实中事物发展变化的信息往往是多形式全方位同时发生的，例如伴随着一个具体事物发展变化的氛围、条件等，电视可以较全面地记录反映这一状况，使观众真正进入见其人、闻其声的接收状态。

（3）时效性强。同广播媒介一样，随着传播技术的不断进步，电视的采制设备也日益趋向小型化，大大提高了其传播效率，时效性越来越强。

（4）在传播劣势上，同广播一样，电视也存在转瞬即逝、不易保存，信息选择性差的劣势。除此之外，电视画面传播的局限性也成为限制。影视符号是感性的符号形式，不具备抽象性和概括性。它是个别的、特殊的，长于展示而拙于阐释。另外影视符号有孤立影像含义的不确定性。

广播的传播符号

广播的传播符号是声音，各种声音按不同的特性，被划分为三个类别：语言、音响和音乐。

广播语言是指传播者在节目中进行播报、解释、说明等内容的单纯语言表达，是广播运载信息最基本的符号系统。在新闻类广播节目中，语言的基本形态有三种：一是新闻播音语言，二是新闻报道语言，三是实况语言。新闻播音语言，是指广播电视新闻传播机构承担向受众口头传播语言信息（即"播音"）工作的人在播讲稿件时使用的语言，其特点是规范。新闻报道语言是指新闻信息传播机构中承担信息采集、编辑报道工作的人（记者、编辑）为报道新闻而播讲报道词、解说词时使用的语言，它比播音语言更自然。实况语言是新闻事件及记者在采访活动中发生的语言交流，具有原始的真实性，在三种声音中最为自然。

音乐是通过组织音乐表现情感的声音。在广播中，音乐的存在形式有三种：一种叫做音乐节目，一种叫做节目音乐，一种叫做实况音乐。音乐节目是专门提供音乐审美供受众欣赏的节目，它不为广播所专有；节目音乐主要担负在节目中配合、辅助其他传播要素的功用，如开始曲、间隔乐、配乐等；实况音乐则是新闻事实的有机组成部分。新闻节目以传播信息为目的，要求在形式上尽可能客观公正，因而在新闻类节目中，可以采用节目音乐来提高可听性。至于在文艺等其他类型的节目中，节目音乐的运用更为广泛。

音响在不同的语境中，有不同的含义。就一般意义而言，它可以作为"声音"的同义语。在广播中，它被用来指报道、解说语言（不包括采访对话语言）和音乐节目、节目音乐以外的一切声音。当它在广播新闻中与语言、音乐概念并举时，所指的是除去演播室语言和音乐以外的声音。在广播传播中的音响，可分为实况音响与音响效果两种。实况音响是客观物质运动声波的真实再现，具有现实还原的特点。对实况音响而言，声音的客观存在是其真实感的来源。实况音响的类别有：从内容上分为人声和物声，时间上分为实况音响和资料音响，在与采录者的关系上分为主观音响与客观音响，从在节目中发挥的作用上分为主题音响与辅助音响，从声音的地位上分为主体音响和背景音响。音响效果是信息传播者制造出来的或转借来的声音，它与实况音响的区别在于，实况音响具有客观真实性，而音响效果仅具有真实感，不具有客观真实性。正是由于这个原因，新闻节目一般不使用音响效果。其他类别的节目，在非客观再现的情况下，可以用它来增强传播效果。

电视的传播符号

电视的传播符号是声音和图像。各种声音及声音的不同组合方式，被分为三个类别：语言、音响、音乐。

图像在形式上大致可分为：

1. 文字

在电视中，文字的出现有两种情况：一是画面内的文字；二是编辑制作时加上去的文字，称为"屏幕文字"或"字幕"。画面文字是指摄录的影像内存在的文字（如匾额、会标、标语等）。画面文字使用得当，可以自然、准确地传达明确的信息。"屏幕文字"是指根据节目信息传达的需要，在后期制作或播出时加在影像、屏幕上的文字。

文字是语言的空间形式，因而从原则上讲，有声语言所能发挥的作用，文字同样可以发挥。然而，在电视当中，它不是有声语言的简单替代，而是作为一种独立的传播要素发挥作用，特别是在某些有声语言无能为力的场所发挥作用。与影像等相比，文字在传达信息时具有抽象概括的能力，具有间接、明确、灵活的优势，因而在电视传播中常用于辅助其他形式的图像和声音传达准确的限定性信息，弥补影像多义性和声音易产生歧义等局限，发挥补充、说明、介绍、引导、强调、扩大信息量和美化画面构图等各种作用。文字还能在电视中单独传达信息，如在不中断节目播出的情况下以字幕的形式插播最新消息和节目预告等。另外，采用"声画合一"的手法，有声语言和文字同步播出，既利于受众接收，也有利于加深记忆，加之与有声语言相比，文字不易产生同音歧义的优点，因而对于重要会议公报、政令、名单等密集抽象性信息内容的传播，可以帮助观众更好地接收。此外，文字还不会对声音产生干扰。在不宜出现解说语言的特定条件下，通过文字传达必要信息，就是一条可行的方式。

2. 示意图与图表

示意图是事物、形态、关系等的简约化形式。由于它删除了一切无关的细节，使其意得以凸显。图表是以坐标系统形成的结构，用以显示数量或层级的差异和关系的。示意图和图表在信息传达上具有展现内在状态、使抽象概念形象化、复杂信息简明化、复杂关系条理化等能力，适用于来传达内在性、系统性、整体性、宏观性、对比性的信息。它能够化繁为简，使影像难以涵盖或表现、语言叙述头绪繁多难以表达和理解的内容变得一目了然。简化、形象、直观是图表传达信息的优势所在。

3. 照片与图片

一般是作为影像的补充，用于没有、无法或不宜拍摄活动影像的情况。传播形象画面是电视的优势，但对摄录设备的依赖又制约了它的灵活性。在某些特定条件下，无法或不容许进行拍摄，不能获得活动影像，此时照片或绘画图片成为形象表达的另一种选择。

4. 影像

电视影像是电视摄录系统对事物光影状态及其变化的连续再现。电视影像媒介特性的本质是对象具体可感性的再现。电视影像的基本特征有：

（1）再现性的本质特征。电视摄像机所摄录画面音响中的对象是具体的客观存在物，画面能客观准确地再现镜头前拍摄的现象，包括对象的运动、色彩、影调，等等。因此，纪实性电视画面被看做是现实的真实再现，能激起观众相当强烈的现实感。

（2）时空一体的运动存在方式。电视影像是时空一体、连续运动的活动画面。一方面，电视影像展示的是与客观世界同样的情景，而时空一体的运动变化是人类感知客观世界的基本方式。另一方面，电视摄录系统也以它特有的方式记录、传播其摄录对象，这其中就包含着其自身的运动与变化，如有水平方向、垂直方向等各种不同角度的推、拉、摇、移、升、降、甩等镜头运动。它们提供了人们观察对象的不同视野和视角，也提供了制作者观察、选择与传达信息的能动性。

（3）声像一体的信息形式。电视影像具备声像一体记录的能力。现实中的事物一般都是存在于特定的声音背景中的，声像一体是人类接受外界信息惯常的自然方式，声像一体的相互引导与印证作用，可以使受众更准确、更全面、更轻松自然地把握信息。因而，它是电视影像的传播优势之一，也是受众对电视影像的基本期待。

（4）限定性显示空间。就目前而言，电视影像的拍摄与显示还不是全视域的。人们只能在限定的显示屏幕框架内观看影像。这种拍摄与显示上的制约性，决定了电视的摄录、传达与接受方式，具有相当的强制性。

（5）感性的符号形式。影像作为符号，是完全感性的自然符号，一般不具备抽象性和概括性，它是个别的、特殊的感觉——知觉层面的丰富信息。因此，影像符号长于展示而拙于阐释。

（6）孤立影像含义的不确定性。由于画面是客体的再现，而客体是不会自己向观察者讲述其意义的——意义是关系的产物；对于影像来说，其意义是人对影像中显示的关系的把握。因而，对处于该关系变化过程之外的电视受众而言，对作为关系要素的各画面或镜头孤立来看，其含义是无法确定的，可以做多种理解。

电视影像的要素

影像是电视摄录系统对事物光影状态及其变化的连续再现。电视影像的要素主要包括：

1. 镜头与蒙太奇

由电视摄录系统记录的一段连续的动态影像流程称为一个镜头，它是电视语言的基本表意单元和叙事单元，相当于语言中的词汇。它既有两维平面表现三维立体的空间特性，又有影像连续运动的时间特性。在现代电视观念中，声音是镜头的有机成分。电视镜头作为事物时空的影像记录，从本质意义讲，它展现的应该是形声一体化的形象，声音是镜头的有机成分。

蒙太奇又称镜头语言。即在影视作品的创作中将一个一个的镜头，根据一定的规律和逻辑关系组接在一起，通过形象之间相辅相成或相反相成的关系，相互作用，产生连贯、对比、呼应、联想、悬念等效果，形成一个含义相对完整的表意整体。从广义上讲，蒙太奇作为影视艺术的特殊的语言形态具有以下三个层次的意义：

（1）作为影像表达反映现实的独特的思维方式，即直观视听形式的思维。

（2）作为影像作品基本的叙事方式和结构方式。

（3）镜头剪辑的具体技巧和技法。蒙太奇作为剪辑技巧具有多种手法和表意能力。

2. 画面构图

对被拍摄对象以及各种造型元素进行组织和安排，使其成为具有思想含义与美感形式的画面形象的过程。构成一幅画面的主要因素有主体、陪体、前景、背景与空白。影响画面构图的主要因素有影调、形状、线条、色彩等。画面构图就是要通过合理选择拍摄角度、拍摄方向、拍摄距离，把这些因素进行比较、搭配、组合与结构，使它们具有一种和谐的关系。画面构图是决定造型形式的基础，不同的表现目的和审美要求会影响到对构图的处理方法。

3. 光线

分为自然光和人工光。在摄影摄像中，各不相同的光线效果在造型上能改变和确定对象的形状；在构图上能形成不同的影调（亮调、暗调等），能表现不同的景色情调及各种气氛，形成不同的影调结构，组织视觉重点，表现空间，表现节奏等。

4. 拍摄角度

摄像机与被摄体之间的位置关系，除了远近之外还有角度的不同。拍摄角度在垂直方向上分为：平角、俯角和仰角；在水平方向上分为：正面、侧面和背面。

（1）平角。摄像机水平放置拍摄。一般镜头的高度和被摄入人物的眼睛多处在同一水平线上，视觉效果与人们在生活中观察事物时的角度相近，因而给人的感觉比较自然。这是较常用的拍摄角度。

（2）俯角。摄像机镜头向下倾斜拍摄。这种拍摄角度特别适宜拍摄大场面，也常用于表现居高临下的主观视角。由于透视效果的关系，画面中的人物会显得矮小、变形，因而常用来暗示人物品性的卑微或渲染孤独、压抑等沉重情绪，以及交代全貌。

（3）仰角。摄像机镜头向上倾斜拍摄。一般镜头的高度低于被摄人物的眼睛。视觉效果与俯角拍摄的画面相反，仰角拍摄使被摄物显得高大壮观。

（4）正面。被拍摄对象的正面朝向摄像机镜头所拍摄的镜头画面。如果被拍的对象是人物的话，给人以直面相对的感觉，因而对受众注意力的吸引力最大。

（5）侧面。被拍摄对象的正面与摄影机镜头成 90°夹角所拍摄的镜头画面。受众仿佛是处在旁观者的位置上。

（6）背面。对拍摄对象的正面与摄像机镜头的方向一致所拍摄的镜头画面。如果拍人物的话，画面上出现的就是人物的背影。

5. 运动镜头

通过改变摄像机机位、拍摄方向或变化镜头焦距所拍摄的镜头。在运动镜头中，根据摄像机运动的方式，可分为：变焦距镜头、摇镜头、移动镜头等。

（1）变焦距镜头。是通过一边改变镜头焦距一边进行拍摄的方式获得的镜头。它的运动是沿着镜头光轴的方向进行的。它可以通过镜头的实际接近、离开实现，也可以通过光学变焦镜头的旋转模拟实现。它有些类似于人们注意力的改变而产生的观察范围及其效果的变化过程，不同之处在于：人的注意力引发的观察范围的变化，是在瞬间完成的，而变焦距镜头的拍摄过程中增加了变化的过渡过程，因而带上了某种表现的意味。

（2）摇镜头。摇镜头的获得过程称作摇摄。摇摄是指摄像机镜头以固定支点为圆心做旋转运动进行拍摄。摇摄就如同人通过转动头部、身体在原地变换姿势产生的环顾性视线移动。

（3）移动镜头。所谓移动镜头，就是摄像机在运动中所拍摄到的镜头。它可以全方位地变换与被拍摄对象的距离和拍摄角度，形成推、拉、移、升、降、跟等各种运动方式。

6.景别

画面中表现出的视域范围。它直接体现为景物在画面中空间范围的大小和主体在画面中所占面积的大小。景别的大小通常由摄像机与被摄体之间的距离以及所使用镜头焦距的长短来决定。画面分为不同的景别，是为了对内容的主次轻重、被摄体的远近大小给予恰当的表现，以达到准确地叙述和艺术地表现的目的。

景别一般分为：远景、全景、中景、近景、特写。远景是表现较大范围的空间、环境、自然景色或众多人群活动场面的电视画面；全景是表现成年人的全身或场景全貌的电视画面；中景是表现成年人膝盖以上或具有典型意义的局部画面；近景是表现成年人胸部以上或物体局部的电视画面；特写是表现成年人肩部以上的头像或某些被摄对象细部的电视画面。

广播电视新闻的语言表达

广播电视新闻的语言表达必须遵循广播电视媒体的传播特点和新闻写作的基本原则，具体表现为：

（1）易于接收接受。线性传播、转瞬即逝的特点要求受众的思维紧紧跟随，容不得细细揣摩，同时广播电视受众在文化、年龄上是多层次的，因此，广播电视新闻写作的内容和语言应明白晓畅，易于接收、接受。

（2）可听性。广播电视要求受众用听觉器官捕捉语音、语义，因此要让受众听得见、听得懂，要求"入耳"和"入脑"，便于耳听接收。

（3）准确性。广播电视新闻的语言表达要求真实准确，新闻报道对象要确有其事，构成新闻的基本要素、过程细节、引语、资料等都应是准确的。

（4）完整性。广播电视新闻写作中，信息应相对完整。

（5）通俗性。要把深刻的思想、复杂的问题等用浅显易懂的语言表达清楚。注意通俗化不等于简单化、庸俗化。

广播新闻中音响与文字的关系

广播新闻中解说词通常起到叙述事实、说明音响、补充音响、概括提示音响，连缀音响组成报道的作用。在节目中要处理好二者的关系。写解说词的时候要兼顾音响内容，解说要合理安排、结构音响，解说与音响要和谐统一。音响报道要充分发挥音响的作用，用音响直接表达报道的主题。文字要对音响做必要的说明和补充。凡能用音响表现的，就不要用文字，凡音响已经表达清楚的，文字就不要再重复。

电视新闻中画面、音响与文字的关系

负载电视新闻的三大元素——画面、同期声、文字解说，相对于电视新闻的整体而言，都是不完整的，都只是其中的一个组成部分。电视新闻的画面、同期声和文字稿要紧密配合画面，结合画面进行组织和写作。应根据新闻主题的需要，去挖掘画面内在的含义，交代画面无法交代而又必须传达的信息，使同期声、解说词与画面形成一体。

新媒体的概念和种类

我们通常所说的新媒体，是相对于传统的大众传播媒介（报纸、广播、电视等）而言的。它的概念可以从四个层面来理解：

技术层面：是利用数字技术、网络技术和移动通信技术；

渠道层面：通过互联网、宽带局域网、无线通信网和卫星等渠道；

终端层面：以电视、电脑和手机等作为主要输出终端；

服务层面：向用户提供视频、音频、语音数据服务、连线游戏、远程教育等集成信息和娱乐服务。

它是所有新传播手段或传播形式的总称。

新媒体的种类从传播的视角，可以分为两类：

一类是新兴媒体，是新媒体的典型形态。以网络媒体、移动媒体、互动电视媒体为代表；另一类是新型媒体，是在传统媒体的基础上依托新技术衍生而来，其传播形态并未发生根本性的改变。以户外新媒体、楼宇电视、车载移动电视等为代表。

媒体融合

媒体融合从狭义的角度理解，是指将不同的媒介形态"融合"在一起，产生"质变"，形成一种新的媒介形态；广义的媒体融合则范围广阔，包括一切媒介及其有关要素的结合、汇聚甚至融合，不仅包括媒介形态的融合，还包括媒介功能、传播手段、所有权、组织结构等要素的融合。也就是把报纸、电台、电视台等传统媒体与互联网、手机、手持智能终端等新兴媒体传播通道有效结合起来，资源共享，集中处理，衍生出不同形式的信息产品，然后通过不同的平台传播给受众。

媒体融合的基本形态有：

（1）内容融合。内容融合就是将不同媒介形态的生产，依托数字技术形成跨平台、跨媒体的使用，利用数字化终端，形成多层次、多类型的内容融合产品。

（2）网络融合。网络融合是指媒介传输渠道的融合，具体主要是指三网融合，即电信网、广电网、互联网的融合。

（3）终端融合。终端融合是指受众获取传媒产品的终端应用的融合，主要是三屏融合，即电视屏、电脑屏、手机屏的融合。

网络直播

利用互联网（或专网）和先进的多媒体通信技术，通过在网上构建一个集音频、视频、桌面共享、文档共享、互动环节为一体的多功能网络直播平台，企业或个人可以直接在线进行语音、视频、数据的全面交流与互动。

拍　客

互联网时代下，利用各类相机、手机或 DV 摄像机等数码设备拍摄的图像或视频，通过计算机编辑处理后，上传至网络并分享、传播影像的人群。

UGC（用户生产内容）

互联网术语，全称为 User Generated Content，指用户生产内容。UGC 的概念最早起源于互联网领域，是伴随着以提倡个性化为主要特点的 Web2.0 概念兴起的。用户将自己原创的内容通过互联网平台进行展示或者提供给其他用户。它并不是某一种具体的业务，而是一种用户使用互联网的新方式，即由原来的以下载为主变成下载和上传并重。随着互联网运用的发展，网络用户的交互作用得以体现，用户既是网络内容的浏览者，也是网络内容的创造者。

网络主播

在互联网节目或活动中，负责参与一系列策划、编辑、录制、制作、观众互动等工作，并由本人担当主持工作的人或职业。

《广播电视基础知识》
模拟试卷与参考答案

《广播电视基础知识》模拟试卷（一）

1. 笔试题满分为 100 分。

2. 笔试考试时间为 90 分钟。

3. 考试方式为闭卷考试。

4. 试题类型包括选择题、简答题、辨析题、论述题。

一、单项选择题（本大题共 10 小题，每小题 1 分，共 10 分）

1. 以下关于马克思主义新闻观的说法中，正确的说法是（　　）。

   A. 马克思主义新闻观是具有时代意义、与时俱进的

   B. 马克思主义新闻观与新闻专业主义是水火不容的

   C. 学习马克思主义新闻观就是学习领导人的语录

   D. 马克思主义新闻观只适用于党报

2. 在当前的新闻实践中，具体把握和贯彻党报的群众路线最基本的要求是（　　）。

   A. 为人民群众服务　　　　　B. 坚持"三贴近"原则

   C. 拓展群众参与渠道　　　　D. 具有群众意识

3. 关于新闻事业的性质，下面的表述不正确的一项是（　　）。

   A. 新闻事业是一定社会的经济基础通过新闻手段的反映

   B. 新闻事业是一个国家的经济基础

   C. 新闻事业属于上层建筑意识形态范畴

   D. 新闻事业是综合国力和国家形象的体现

4. 毛泽东提出"政治家办报"主张的时间在（　　　）。

   A. 1945 年   B. 1950 年

   C. 1956 年   D. 1957 年

5. 新闻舆论监督的主要手段是（　　　）。

   A. 建议意见   B. 新闻评论

   C. 追踪报道   D. 新闻批评

6. 关于"舆论导向"，以下观点表述不正确的是（　　　）。

   A. 要坚持把舆论导向放在首位，这是新闻宣传最重要的责任

   B. 当代马克思主义新闻观，其根本点是必须坚持正确舆论导向

   C. 能否正确把握舆论导向是检验新闻工作党性的重要标尺

   D. 只有在正确的新闻观指导下，新闻舆论工作才会坚持正确的
      舆论导向

7. 中国共产党创办的第一座人民广播电台是（　　　）。

   A. 中国国际广播电台   B. 中央人民广播电台

   C. 延安新华广播电台   D. 北平广播电台

8. 在我国，"有偿新闻"的含义指的是（　　　）。

   A. 谁出钱就报道谁，报道谁就向谁要钱

   B. 新闻机构向作者付的稿酬

   C. 记者向采访对象、消息来源支付的材料费

   D. 报社向通讯社付的新闻稿费

9. 蒙太奇作为影视艺术的特殊的语言形态，其含义包括（　　　）。

   A. 作为影像表达反映现实的独特的思维方式，即直观视听形式
      的思维

   B. 作为影像作品基本的叙事方式和结构方式

   C. 镜头剪辑的具体技巧和技法

   D. 以上三者都有

10. 目前我国的新闻职业道德方面存在的问题不包含（　　　）。

    A. 虚假新闻　　　　　　　　B. 有偿新闻

    C. 低俗新闻　　　　　　　　D. 播放广告

二、多项选择题（本大题共 5 小题，每小题 2 分，共 10 分）

11. "双百"方针即（　　　）。

    A. 百花齐放　　　　　　　　B. 百家争鸣

    C. 百折不挠　　　　　　　　D. 百里挑一

12. 新闻真实的具体要求是对事实的报道必须准确无误，其中主要包括（　　　）。

    A. 构成新闻的要素"五个 W"要准确无误

    B. 事实的细节描述要有根有据，符合实际

    C. 新闻中使用的背景材料要真实可靠

    D. 新闻中所概括的事实要符合客观实际

13. 以下属于舆论监督范围的有（　　　）。

    A. 赈灾款的使用情况

    B. 政府官员的所有活动

    C. 经济适用房的分配情况

    D. 交通违章

    E. 明星的私生活

14. 在新媒体环境下，媒体与群众联系的新渠道有（　　　）。

    A. 书信和电话　　　　　　　B. 互联网

    C. 手机等移动媒体　　　　　D. 微博平台

15. 以下有关"走转改"活动的表述中，不正确的说法有（　　　）。

    A. "走转改"只是运动式的一阵风，估计成效不大

B. "走转改"需要记者不断抓活鱼，捕捉基层的新鲜新闻素材

C. "走转改"要求记者从内心深处转变态度，不能再高高在上

D. "走转改"是一次基层宣传部门向中央媒体宣传的好机会

三、简答题（本大题共 4 小题，每小题 5 分，共 20 分）

16. 简述"新闻是新近发生的事实的报道"的内涵。

17. 在新的时代条件下，党的新闻舆论工作的职责和使命是什么？

18. 简述我国对外宣传工作的基本原则。

19. 与影像等相比，文字在电视媒体上传达信息有哪些优势？

四、辨析题（本大题共 3 小题，每小题 12 分，共 36 分）

20. 马克思主义新闻观的内涵是不变的。

21. 新闻价值只具有客观性，不具有主观性。

22. 对于广播电视娱乐节目来说，好听好看是硬道理，其他都是浮云。

五、论述题（本题 24 分）

23. 结合实际，论述如何落实好"讲好中国故事、传播好中国声音"的宣传目标。

模拟试卷（一）参考答案

一、单项选择题（本大题共 10 小题，每小题 1 分，共 10 分）

1. A   2. B   3. B   4. D   5. D   6. A   7. C   8. A

9. D   10. D

二、多项选择题（本大题共 5 小题，每小题 2 分，共 10 分）

11. AB   12. ABCD   13. ACD   14. BCD   15. AD

三、简答题（本大题共 4 小题，每小题 5 分，共 20 分）

16. 答题要点：

新闻是新近发生的事实的报道。这个定义是我国现在普遍沿用的陆定一同志在《我们对于新闻学的基本观点》一文中提出的概念。这一定义明确而简洁地说明和规定了新闻的根本特性——对事实的报道，并且是对真实、新鲜事实的报道，突出了新闻"真"与"新"的个性特征，具有理论和实践的双重意义。

新闻定义的内涵：新闻是对新近发生的事实的报道，明确简洁地概括了新闻的特点。

首先，陈述事实。事实是新闻的本源，新闻的内容和形式都离不开事实。从内容上说，新闻必须是以事实为根据的真实信息；从形式来说，新闻必须用事实说话。

其次，具有新意。新闻必须具有新意。构成新闻的事实，要能满足人们未知、欲知、应知的需要。

第三，新闻并非事实本身，而是对事实的报道，是新闻报道者对客观事实的一种反映。

第四，新闻必须是公开传播的事实，只有采用新闻手段，通过新闻渠道传播的事实，才能成为新闻。如果报道在小范围或内部传播，就不能构成新闻。

第五，报道及时。新闻必须注重时效，失去时效，新闻就会成为旧闻。

17. 答题要点：

高举旗帜、引领导向，围绕中心、服务大局，团结人民、鼓舞士气，成风化人、凝心聚力，澄清谬误、明辨是非，联接中外、沟通世界。

要承担起这个职责和使命，必须把政治方向摆在第一位，牢牢坚持党性原则，牢牢坚持马克思主义新闻观，牢牢坚持正确舆论导向，牢牢坚持正面宣传为主。

18. 答题要点：

（1）要旗帜鲜明地维护国家利益、民族尊严和祖国统一。

（2）在涉及国家主权和国家利益、民族尊严的问题上，要坚持原则。

（3）要树立坚定的国家意识和大局意识，服从和服务于党和国家的工作大局，服从和服务于我国整体对外战略。

（4）坚持以正面宣传为主、以事实为主、以我为主的方针。

（5）考虑宣传重点内容和工作部署，一定要着眼于增进外国人对中国的理解和支持。

19. 答题要点：

与影像等相比，文字在电视媒体上传达信息具有抽象概括的能力，具有间接、明确、灵活的优势，因而在电视传播中常用于辅助其他形式的图像和声音传达准确的限定性信息，弥补影像多义性和声音易产生歧义等局限，发挥补充、说明、介绍、引导、强调、扩大信息量和美化画面构图等各种作用。文字还能在电视中单独传达信息，如在不中断节目播出的情况下以字幕的形式插播最新消息和节目预告等。

另外，采用"声画合一"的手法，有声语言和文字同步播出，既利于受众接收，也有利于加深记忆，加之与有声语言相比，文字不易产生同音歧义的优点，因而对于重要会议公报、政令、名单等密集抽象性信息内容的传播，可以帮助观众更好地接收。

此外，文字还不会对声音产生干扰。在不宜出现解说语言的特定条件下，通过文字传达必要信息，就是一种可行的方式。

四、辨析题（本大题共 3 小题，每小题 12 分，共 36 分）

20. 答题要点：

这一观点是错误的。

随着时代的发展和实践的深入，马克思主义新闻观也在不断地丰富、更新和发展。马克思和恩格斯作为创立者和奠基者提出并深刻阐述了一系列基本理论和基本观点，100 多年来，其间经历了以列宁为代表的俄国布尔什维克党人和以毛泽东为代表的中国共产党人不断继承、创新和发展的长期过程，逐步形成了科学、系统的理论体系。以中国特色社会主义理论体系为代表，以党性原则为核心的当代马克思主义新闻观，其根本点是必须坚持正确舆论导向，内涵博大精深，十分丰富。

21.答题要点：

这一观点是错误的。

新闻价值的客观性指事实本身所具有的足以构成新闻的各种特殊素质是客观的，不以传播者的主观需要而增减。一是事实本身确实包含有这些素质，二是它能否成为新闻是由受众而不是由传播者的主观意志所决定的。但是，衡量客观存在的新闻价值，却是取决于新闻工作者的主观是否能够正确地反映客观。因此这种观点是片面的。

22.答题要点：

这一观点是错误的。

作为艺术作品的具体表现形式之一，广播电视娱乐节目应把思想性、艺术性、观赏性统一起来，这是对艺术作品的基本要求。"三性"统一，第一位的是思想性，思想性是艺术性、观赏性的灵魂，文艺作品的艺术性和观赏性是为思想性服务的。艺术性、观赏性同样重要，如果没有艺术性和观赏性，作品的思想性就难以发挥作用，思想性就难以体现，也难以产生影响。只讲思想性，不讲艺术性、观赏性，作品会让人看不下去；只强调艺术性，不讲究观赏性，作品会让人看不明白。思想性、艺术性、观赏性是相统一的，密不可分的。只有思想性、艺术性、观赏性相统一，文艺作品才有生命力、吸引力、感染力和影响力。

五、论述题（本题 24 分）

23.答题要点：

在实际工作中，应做到引导人们更加全面客观地认识当代中国、看待外部世界。在全面对外开放的条件下做宣传思想工作，一项重要任务是引导人们更加全面客观地认识当代中国、看待外部世界。

宣传阐释中国特色，要讲清楚每个国家和民族的历史传统、文化积淀、基本国情不同，其发展道路必然有着自己的特色；讲清楚中华文化积淀着中华民族最深沉的精神追求，是中华民族生生不息、发展壮大的丰厚滋养；讲清楚中华优秀传统文化是中华民族的突出优势，是我们最深厚的文化软实力；讲清楚中国特色社会主义植根于中华文化沃土、反映中国人民意愿、适应中国和时代发展进步要求，有着深厚历史渊源和广泛现实基础。

中华民族创造了源远流长的中华文化，中华民族也一定能够创造出中华文化新的辉煌。独特的文化传统，独特的历史命运，独特的基本国情，注定了我们必然要走适合自己特点的发展道路。对我国传统文化，对国外的东西，要坚持古为今用、洋为中用，去粗取精、去伪存真，经过科学的扬弃后使之为我所用。

加强宣传报道世界形势变化。对世界形势发展变化，对世界上出现的新事物新情况，对各国出现的新思想新观点新知识，我们要加强宣传报道，以利于积极借鉴人类文明创造的有益成果。要精心做好对外宣传工作，创新对外宣传方式，着力打造融通中外的新概念新范畴新表述，讲好中国故事，传播好中国声音。结合当前主流媒体作品或自身实践说明。

《广播电视基础知识》模拟试卷（二）

1. 笔试题满分为 100 分。

2. 笔试考试时间为 90 分钟。

3. 考试方式为闭卷考试。

4. 试题类型包括选择题、简答题、辨析题、论述题。

一、单项选择题（本大题共 10 小题，每小题 1 分，共 10 分）

1. "新闻、旧闻、不闻"的观点，属于（   ）的新闻思想。

    A. 毛泽东　　　　　　　　B. 陆定一

    C. 列宁　　　　　　　　　D. 邓小平

2. 马克思主义认为，新闻的本源是（   ）。

    A. 政治　　　　　　　　　B. 趣味

    C. 事实　　　　　　　　　D. 意识

3. 在我国，新闻真实性的完整含义，应该理解为（   ）。

    A. 事实为政治服务　　　　B. 本质真实

    C. 现象真实　　　　　　　D. 现象真实与本质真实的统一

4. 舆论监督是社会的"排气阀"。这指的是舆论监督的（   ）功能。

    A. 监测环境　　　　　　　B. 社会调节

    C. 社会控制　　　　　　　D. 社会制衡

5. 坚持"三贴近"原则，不包括（   ）。

    A. 贴近实际　　　　　　　B. 贴近生活

    C. 贴近群众　　　　　　　D. 贴近思想

6. 艺术作品的基本要求有"三性"，其中不包括（　　　）。

    A. 思想性   B. 艺术性

    C. 观赏性   D. 宣传性

7. 国家广电总局于 2004 年 12 月 2 日向社会公布的《中国广播电视编辑记者职业道德准则》中第四十一条"严格区分新闻报道与广告"中提出不以任何形式从事广告和其他经营活动，其中不正确的是（　　　）。

    A. 不利用新闻报道拉赞助、拉广告

    B. 不以新闻报道形式为企业或产品做变相广告或形象宣传

    C. 广告和广告信息应有明确广告标识

    D. 将新闻报道进行广告化的处理加工，挖掘新闻事件本身的戏剧化的成分

8. 中国共产党创办的第一座人民广播电台是（　　　）。

    A. 中央人民广播电台   B. 延安新华广播电台

    C. 中国国际广播电台   D. 北平新华广播电台

9. 网络电视又称（　　　），它将电视机、个人电脑及手持设备作为显示终端，通过机顶盒或计算机接入宽带网络，给人们带来全新的电视观看方法。

    A. CATV   B. HDTV

    C. IPTV   D. DTV

10. 摄像机镜头以固定支点为圆心做旋转运动进行拍摄的是（　　　）。

    A. 推镜头   B. 拉镜头

    C. 摇镜头   D. 移动镜头

二、多项选择题（本大题共 5 小题，每小题 2 分，共 10 分）

11. 以下观点表述正确的是（   ）。

    A. 马克思把舆论看作是一种普遍的、隐蔽的和强制的力量

    B. 舆论反映人心向背，虽然它对任何人都不发生强制作用

    C. 新闻媒介是舆论的载体，也是舆论的扩大器

    D. 能否把握正确的舆论导向是检验新闻工作党性的重要标尺

12. 坚持党性，核心就是（   ）。

    A. 坚持正确政治方向，站稳政治立场

    B. 坚定宣传党的理论和路线方针政策

    C. 坚定宣传中央重大工作部署，坚定宣传中央关于形势的重大
       分析判断

    D. 坚决同党中央保持高度一致，坚决维护中央权威

13. 下列选项中（   ）不是新闻事实的组成部分。

    A. 新闻标题　　　　　　　　B. 署名

    C. 社论　　　　　　　　　　D. 编者按

14. 记者责任意识的培养主要从（   ）着手。

    A. 培养新闻从业者的独立判断意识

    B. 加强自身内在修养

    C. 从记者个人利益出发

    D. 培养新闻工作者的中立和平衡报道立场

15. 以下关于"新闻是新近发生的事实的报道"的说法，正确的
    是（   ）。

    A. 这个定义是我国现在普遍沿用的陆定一同志在《我们对于新
       闻学的基本观点》一文中提出的概念

    B. 这一定义明确而简洁地说明和规定了新闻的根本特性——对
       事实的报道，并且是对真实、新鲜事实的报道

C. 突出了新闻"真"与"新"的个性特征，具有理论和实践的双重意义

D. 新闻定义的内涵明确简洁地概括了新闻的特点："真"和"新"

三、简答题（本大题共 4 小题，每小题 5 分，共 20 分）

16. 简述正面宣传与新闻批评的关系。

17. 简述马克思主义新闻自由观。

18. 简述蒙太奇的含义。

19. 简述广播的传播特点。

四、辨析题（本大题共 3 小题，每小题 12 分，共 36 分）

20. 新闻宣传工作首先要坚持为人民服务的宗旨。

21. 新闻工作的法律规范同新闻职业道德规范一样，都要靠新闻工作者的自觉来实现。

22. 新闻宣传要以政府作为主角。

五、论述题（本题 24 分）

23. 结合实际，论述社会主义新闻舆论监督的意义。

模拟试卷（二）参考答案

一、单项选择题（本大题共 10 小题，每小题 1 分，共 10 分）

1. A　　2. C　　3. D　　4. B　　5. D　　6. D　　7. D　　8. B

9. C　　10. C

二、多项选择题（本大题共 5 小题，每小题 2 分，共 10 分）

11. ABCD　　12. ABCD　　13. CD　　14. ABD　　15. ABCD

三、简答题（本大题共 4 小题，每小题 5 分，共 20 分）

16. 答题要点：

正面宣传与新闻批评都是新闻事业运用新闻手段来反映社会生活的一种手段。

正面宣传指对社会主流与光明面所进行的肯定性和赞扬性的报道与评价；新闻批评指运用新闻手段对社会不正之风和消极腐败现象及落后反动势力所做的揭露和批评。

我国社会主义新闻事业要坚持以正面宣传为主，不要大量集中展示消极面。社会生活中需要进行揭露和批评的事情，不能都搬到媒体上来，批评性报道的内容要有所选择，不能搞"有闻必录"。一个时期内，批评性报道不能过于集中，以免引起副作用。

17. 答题要点：

新闻自由是公民的一种民主权利，是宪法规定的公民的言论、出版自由权利在新闻传播活动中的体现和运用，是公民政治权利的一个重要组成部分。

新闻自由是相对的、具体的，而不是绝对的、抽象的。在阶级社会里，新闻自由只能是具体的阶级的自由，或者是资产阶级的自由，或者是无产阶级的自由，抽象的、超阶级的新闻自由是没有的。

新闻自由伴随着历史的发展而变化。在不同的历史发展阶段，新闻自由和经济、政治斗争的总形势紧密相连。

新闻自由始终伴随着一定的义务和责任。新闻自由权利的行使要首先考虑国家利益和全民族利益，考虑人民群众的根本利益，以大局为重，任何情况下都不能借口新闻自由损害国家和民族的利益。

18. 答题要点：

蒙太奇又称镜头语言。即在影视作品的创作中将一个一个的镜头，根据一定的规律和逻辑关系组接在一起，通过形象之间相辅相成或相反相成的关系，相互作用，产生连贯、对比、呼应、联想、悬念等效果，形成一个含义相对完整的表意整体。从广义上讲，蒙太奇作为影视艺术的特殊的语言形态具有以下三个层次的意义：

（1）作为影像表达反映现实的独特的思维方式，即直观视听形式的思维。

（2）作为影像作品基本的叙事方式和结构方式。

（3）镜头剪辑的具体技巧和技法。

19. 答题要点：

传播迅速，信息量大。广播的采录设备小巧灵活、机动性强，制作简单，便于记者迅速采制报道，能够在第一时间发布信息，甚至做到在事件发生发展过程中进行同步报道。

听众广泛，覆盖面广。听众收听广播受到的限制相对较小，不需要受众具有很高的文化程度，听众范围较广泛。广播媒介的覆盖相对于电视媒介也更容易；广播可以伴随接收——边做事情边收听或在移动状态下收听。因而常被称为伴随型媒介，扩大了接受的可能。这一特色使广播在未来的媒介格局中拥有了更大的主动权。

声情并茂，参与性强。通过声音传递信息，使广播相对来说具有更强的传真、传情的能力，更具亲和力和参与感。另外从技术上说，受众直接参与广播节目的方便性、隐匿性特点，也使得广播的参与性强于其他媒介。

转瞬即逝，不易保存。广播是以声音为唯一传播符号的媒介，听众在收听的过程中，信息转瞬即逝，使受众对传播内容不易留下深刻印象，特别是对一些复杂抽象的内容，很难在稍纵即逝的条件下获得透彻理解。相对来说，报纸、杂志则可以通过反复阅读、思考，来理解难懂的问题或语词。另外，广播节目如要保存必须事先准备好录音设备，不便于受众随时随地保存信息。

线性传播的选择性差。报纸以"面"的、实体的形式呈现在读者面前，读者读报可以按自己的需要和兴趣选择内容，拥有较强的自主权和选择权。而广播则需按时间顺序安排内容，以接连不断的"线"性形式一一呈现出来，受众只能依顺序接收，很难自主选择自己喜爱的节目和内容，也就难以主动把握重点。在特定时间里，受众只能有效地接收一套节目，不能提前、不能推后，更不能错过接收时间。受众的选择权是不完全的。

四、辨析题（本大题共 3 小题，每小题 12 分，共 36 分）

20. 答题要点：

这一观点是正确的。

党领导的社会主义事业，是人民的事业，也是人民的根本利益所在。新闻舆论工具要满腔热情地鼓励和支持人民的首创精神，充分调动人民群众的积极性、主动性、创造性，发掘和传播人民群众的智慧和创造精神，促进社会的发展和进步。新闻宣传要把人民群众作为主角，充分发挥舆论引导作用，有效地为人民群众行使参政议政的民主权利创造条件。

21. 答题要点：

这一观点是错误的。

法律是一种特殊的社会规范，它对新闻工作者职业行为的调整与控制，完全有别于新闻职业道德规范。它以服从为前提，以制裁为后盾，通过强制力来保证实施。

22. 答题要点：

这一观点是错误的。

新闻宣传要把人民群众作为主角。

为人民服务、为社会主义服务、为全党全国工作大局服务，是社会主义新闻事业的基本方针。党的新闻工作必须以最广大人民的根本利益为最高利益，把对党负责和对人民负责有机统一起来，坚持群众观点，走群众路线，大力讴歌人民群众的生动实践和英雄业绩，反映人民的意愿，满足人民群众的精神文化需求。

新闻宣传工作首先要坚持为人民服务的宗旨。党领导的社会主义事业，是人民的事业，也是人民的根本利益所在。新闻舆论工具要满腔热情地鼓励和支持人民的首创精神，充分调动人民群众的积极性、主动性、创造性，发掘和传播人民群众的智慧和创造精神，促进社会的发展和进步。

新闻宣传要把人民群众作为主角，充分发挥舆论引导作用，有效地为人民群众行使参政议政的民主权利创造条件。

五、论述题（本题 24 分）

23. 答题要点：

（1）新闻舆论监督是新闻传媒运用新闻舆论手段对社会所实行的监督。在我国社会主义初级阶段，新闻舆论监督是中国特色社会主义监督体系的有机组成部分，是人民群众利用新闻媒体对社会公共事务行使民主权利而进行的监督活动。

（2）社会主义新闻舆论监督是社会主义民主建设的推动力。新闻舆论监督提高和深化了广大人民群众的公民意识，是树立民主与法制意识的有效手段。

（3）社会主义新闻舆论监督是人民群众参政议政的重要方式。通过新闻传播媒介实行的舆论监督，是一种公众广泛参与、公开表达意见的社会监督，对于发扬人民当家做主的精神，保护公众参政议政的热情，具有重要作用。

（4）社会主义新闻舆论监督是社会主义民主建设的重要内容。在新的历史时期，进一步维护和保障社会公众的知情权、言论自由权、舆论行为权，是社会主义民主与法制建设的一项重要内容。

（5）社会主义新闻舆论监督是决策民主化、科学化的有效途径。社会公众可以在重大决策制定前后或实施过程中，对决策进行广泛的评议和论证，为政府部门提供可靠的民意和社情参照，从而为各项政策的制定与完善贡献力量。

（6）社会主义新闻舆论监督是揭露腐败、反对官僚主义的有力武器。新闻舆论监督在惩治腐败、倡导廉政、强化执法力度、保持政令畅通、加强行政管理、提高工作效率、反对官僚主义、监督干部尽职守责方面作用重大。

《广播电视基础知识》模拟试卷（三）

1. 笔试题满分为 100 分。

2. 笔试考试时间为 90 分钟。

3. 考试方式为闭卷考试。

4. 试题类型包括选择题、简答题、辨析题、论述题。

一、单项选择题（本大题共 10 小题，每小题 1 分，共 10 分）

1. 新闻媒介在反映舆论、引导舆论方面具有权威性，新闻工作者作为舆论的代表具有很高的权威性，被称为（　　）。

   A. "瞭望者"　　　　　　　　B. "无冕之王"

   C. "社会公正的法官"　　　　D. "狗仔队"

2. 2016 年 2 月 19 日，中共中央总书记、国家主席、中央军委主席习近平在北京主持召开党的新闻舆论工作座谈会并发表重要讲话。他指出党的新闻舆论工作坚持党性原则，最根本的是坚持（　　）。

   A. 党对新闻舆论工作的领导

   B. 为人民群众服务

   C. "三贴近"原则

   D. 正面宣传为主

3. （　　）是坚持"二为"方向和"双百"方针的具体体现，是社会主义文艺发展的内在要求。

   A. 弘扬主旋律，提倡多样化

   B. 群众路线

C.思想性、艺术性、观赏性的统一

D.创作自由，批评自由

4.我国新闻工作的根本宗旨是（　　）。

A.坚持党性原则

B.坚持实事求是

C.实现最大的社会效益

D.全心全意为人民服务

5.以下选项中（　　）不属于新闻从业者。

A.期刊发行总监

B.电视节目制片人

C.会展业设计师

D.高校新闻专业教师

6."报喜不报忧"，实质上是一种（　　）。

A.正面宣传　　　　　　　　B.鼓动性宣传

C.片面性宣传　　　　　　　D.指导性宣传

7.以下说法错误的是（　　）。

A.广播电视播音员主持人要积极推广、普及普通话，规范使用通用语言文字，维护祖国语言和文字的纯洁，发挥示范作用

B.广播电视播音员主持人主持地方台节目，要尽量使用当地方言

C.广播电视播音员主持人用词造句要遵守现代汉语的语法规则，语序合理，修辞恰当，层次清楚。避免滥用方言词语、文言词语、简称略语或生造词语

D.广播电视播音员主持人表达要通俗易懂、准确生动、富有内涵、朴素大方。避免艰涩、易生歧义的语言和煽情、夸张的表达

8. 坚持"三贴近"原则，不包括（　　　）。

　　A. 贴近实际　　　　　　　　B. 贴近生活

　　C. 贴近群众　　　　　　　　D. 贴近思想

9. 电视新闻的三大元素不包括（　　　）。

　　A. 画面　　　　　　　　　　B. 同期声

　　C. 文字解说　　　　　　　　D. 音乐

10. 互联网术语 UGC 指的是（　　　）。

　　A. 用户生产内容

　　B. 网络主播

　　C. 专业生产内容

　　D. 社交网站

二、多项选择题（本大题共 5 小题，每小题 2 分，共 10 分）

11. 在社会主义发展的新时期，马克思主义新闻观应主要从（　　　）方面进行创新。

　　A. 坚持"解放思想"的方针

　　B. 坚持"实事求是"的思想

　　C. 实践"群众办报"的路线

　　D. 秉承"按新闻传播规律办事"的原则

12. 关于新闻价值这一理念，以下说法中正确的有（　　　）。

　　A. 新闻事实的选取应当以新闻从业者的主观好恶为基础

　　B. 媒体对新闻价值标准的运用，应恪守在履行社会责任的基础上

　　C. 许多新闻事实被报道，并非只具备了一种新闻价值的要素，而是往往具备了多个要素

　　D. 新闻价值的判断是一个综合判断的过程

13. 下列选项中（　　）属于我国新闻职业道德的基本原则。

　　A. 坚持党性原则，以马克思主义新闻观为指导

　　B. 坚持全心全意为人民服务的原则，服务经济社会发展

　　C. 严守新闻报道的真实性原则，按照事物的本来面目反映事物

　　D. 发扬优良的工作作风，密切联系群众

14. 新闻记者应该承担的基本社会责任有（　　）。

　　A. 社会引导　　　　　　　　B. 意见沟通

　　C. 舆论监督　　　　　　　　D. 传递信息

15. 记者使用新闻微博要注意的事项有（　　）。

　　A. 要广开言路，多多关注

　　B. 发新闻要再三确认

　　C. 发表观点要讲证据

　　D. 观点不同，要在微博上据理力争

三、简答题（本大题共 4 小题，每小题 5 分，共 20 分）

16. 牢固树立马克思主义新闻观，必须重点把握哪些问题？

17. 简述新闻工作者职业道德建设的意义。

18. 简述新媒体的概念及其种类。

19. 简述电视新闻中画面、音响与文字的关系。

四、辨析题（本大题共 3 小题，每小题 12 分，共 36 分）

20. 正面宣传为主，就是尽量不做批评报道。

21. 新闻价值仅是指新闻事实的信息价值。

22. 根据规定，广播电视播音员主持人可以从事广告代言等活动。

五、论述题（本题 24 分）

23.结合实际，论述新闻工作的"三贴近"原则的内涵和意义。

模拟试卷（三）参考答案

一、单项选择题（本大题共 10 小题，每小题 1 分，共 10 分）

1. C   2. A   3. A   4. D   5. C   6. C   7. B   8. D
9. D   10. A

二、多项选择题（本大题共 5 小题，每小题 2 分，共 10 分）

11. BCD   12. BCD   13. ABCD   14. ABCD   15. BC

三、简答题（本大题共 4 小题，每小题 5 分，共 20 分）

16. 答题要点：

（1）要坚持新闻宣传工作的党性原则，这是马克思主义新闻观的根本原则。

（2）要坚持把正确舆论导向放在首位，这是新闻宣传最重要的责任。

（3）要坚持为人民服务、为社会主义服务、为全党全国工作大局服务的方针，这是社会主义新闻事业的基本方针。

（4）要坚持新闻的真实性原则，这是新闻工作必须遵循的基本原则，是党的实事求是的思想路线在新闻工作中的具体体现。

（5）要坚持政治家办报办台，这是实现党对新闻工作领导的重要保证。

17. 答题要点：

（1）继承和发扬党的新闻工作优良传统，树立新闻工作者良好的职业道德，维护新闻工作的严肃性和声誉。

（2）充分发挥新闻工作的正确舆论导向作用，保持媒体的公信力。

（3）促进新闻队伍建设，保证新闻事业健康发展。

18. 答题要点：

我们通常所说的新媒体，是相对于传统的大众传播媒介（报纸、广播、电视等）而言的。它的概念可以从四个层面来理解：

技术层面：是利用数字技术、网络技术和移动通信技术；

渠道层面：通过互联网、宽带局域网、无线通信网和卫星等渠道；

终端层面：以电视、电脑和手机等为主要输出终端；

服务层面：向用户提供视频、音频、语音数据服务、连线游戏、远程教育等集成信息和娱乐服务。

它是所有新传播手段或传播形式的总称。

新媒体的种类从传播的视角，可以分为两类：

一类是新兴媒体，是新媒体的典型形态。以网络媒体、移动媒体、互动电视媒体为代表；另一类是新型媒体，是在传统媒体的基础上依托新技术衍生而来，其传播形态并未发生根本性的改变。以户外新媒体、楼宇电视、车载移动电视等为代表。

19. 答题要点：

负载电视新闻的三大元素——画面、同期声、文字解说，相对于电视新闻的整体而言，都是不完整的，都只是其中的一个组成部分。电视新闻的画面、同期声和文字稿要紧密配合画面，结合画面进行组织和写作。应根据新闻主题的需要，去挖掘画面内在的含义，交代画面无法交代而又必须传达的信息，使同期声、解说词与画面形成一体。

四、辨析题（本大题共 3 小题，每小题 12 分，共 36 分）

20. 答题要点：

这一观点是错误的。

正面宣传为主，就是要着力宣传能鼓舞和推动人们奋发向前的各种光辉业绩，用伟大的成就和业绩去鼓舞和启迪人们，使人们更加深刻地认识到共产党领导的必要性和社会主义制度的优越性，进一步为国家的富强、人民的幸福和社会的进步努力奋斗。坚持正面宣传为主，还要注意处理好与批评报道的关系，新闻报道要勇于开展严肃认真的批评，批评、揭露消极的、落后的、丑恶的东西，改进工作，解决问题。

21. 答题要点：

这一观点是错误的。

受众在选择和判断事实时所反映出来的需求欲望、价值观念、社会心理等，总是受到一定社会的经济、政治和文化的制约，因此，具体判断新闻价值，不仅包括信息价值，而且包括宣传舆论价值、文化教育价值，它是一个综合判断的过程。

22. 答题要点：

这一说法是错误的。

根据《中国广播电视播音员主持人职业道德准则》第三十一条规定：不从事广告和其他经营活动。不将自己的名字、声音、形象用于任何带有商业目的的文章、图片及音像制品中。

五、论述题（本题 24 分）

23. 答题要点：

2003 年，中共中央政治局常委李长春在中央宣传思想文化部门负责人会议上强调，要从贴近实际、贴近生活、贴近群众入手，加强和改进宣传思想工作。

贴近实际，就是新闻工作要立足于社会主义初级阶段这个最大的实际，真实反映改革开放和现代化建设的实践，从实际出发部署工作，按实际需要推进工作，以实际效果检验工作，使宣传思想工作更加具体实在，扎实深入。贴近生活，就是新闻工作者要深入到火热的现实生活和人民群众的日常生活中，反映客观现实，把握社会主流，从生活中挖掘生动事例、汲取新鲜营养、展示美好前景，激励人民群众同心协力，奋发图强，为创造更加美好的新生活而共同奋斗，使宣传思想工作更加入情入理，充满生活色彩、富有生活气息。贴近群众，就是要深深扎根于群众之中，想群众之所想，急群众之所急，办群众之所盼，以群众满意不满意、高兴不高兴、赞成不赞成、答应不答应作为根本出发点和落脚点，更好地代表最广大人民群众的根本利益，使宣传思想工作更加亲切可信，深入人心。

在实际工作中，我们应该用"三贴近"原则加强和改进新闻宣传工作，提高引导水平。具体来说，第一，注意在内容上创新，改进宣传报道：一要对长期以来积淀而成的落伍的新闻观念、新闻报道方式和新闻活动模式，进行突破与改革；二要以是否贴近实际、贴近生活、贴近群众，作为衡量我们舆论引领水平的根本标准；三要调动包括内容、表述、标题、评论、按语、图表、摄影、漫画等"新闻全要素"，以生动活泼的方式报道新闻；四要以新科技革命的手段，提升新闻宣传的力度、强度和高度，促进新闻队伍整体素质的提高。第二，注意在方法上创新，按新闻规律办事，运用各种生动活泼的新闻手段，在强化与群众利益的相关性和提高受众的兴趣性等方面下工夫，把党的意志转变为群众的语言、新闻的语言，使之入耳入脑。第三，注意在体制上创新，积极探索建立新形势下保证正确导向、富有经营活力的微观运行机制，完善新闻宣传宏观管理体制，健全突发事件新闻报道工作的快速反应和应急协调机制。

《广播电视基础知识》模拟试卷（四）

1. 笔试题满分为 100 分。

2. 笔试考试时间为 90 分钟。

3. 考试方式为闭卷考试。

4. 试题类型包括选择题、简答题、辨析题、论述题。

一、单项选择题（本大题共 10 小题，每小题 1 分，共 10 分）

1. 新闻与信息的关系是（　　）。

   A. 信息是新闻的一种体裁

   B. 新闻是信息大家族中的特殊成员

   C. 信息是信息，新闻是新闻，二者毫不相干

   D. 信息就是新闻，新闻就是信息，二者毫无差别

2. 新闻价值要素中的"受众对新闻感兴趣的程度"指的是（　　）。

   A. 趣味性　　　　　　　　B. 接近性

   C. 重要性　　　　　　　　D. 显著性

3. 新闻传播自由，不包括（　　）。

   A. 创办媒体的自由　　　　B. 采写新闻的自由

   C. 播报新闻的自由　　　　D. 揭露隐私的自由

4. 在新闻舆论监督中最重要的监督对象是（　　）。

   A. 权力组织　　　　　　　B. 一般干部

   C. 公民团体　　　　　　　D. 各种社会成员

5. 从传输方式上看，以互联网为平台播出的广播属于（　　）。

   A. 调幅广播　　　　　　　B. 调频广播

C. 模拟广播 D. 数字音频广播

6. 我国第一部新闻采访学专著《实际应用新闻学》的作者是（ ）。

A. 徐宝璜 B. 邵飘萍

C. 黄远生 D. 邹韬奋

7. 新闻事业在本质上属于（ ）。

A. 生产力 B. 经济基础

C. 政权机关 D. 意识形态

8. 国家广电总局于 2004 年 12 月 2 日向社会公布的《中国广播电视编辑记者职业道德准则》中提出涉及使用其他新闻来源的报道时，应尊重其他新闻来源和相关作者的（ ）。对内容的选择应忠实于原作，不断章取义。

A. 名誉权 B. 肖像权

C. 知识产权 D. 隐私权

9. 广播的声音不包括（ ）。

A. 语言 B. 音响

C. 现场实况 D. 音乐

10. 相对于报纸而言，广播电视的选择性差，受众的选择权是不完全的，原因在于（ ）。

A. 广播电视是大众传播

B. 广播电视是现代传播

C. 广播电视是线性传播

D. 广播电视是非线性传播

二、多项选择题（本大题共 5 小题，每小题 2 分，共 10 分）

11. 对媒体和新闻工作者来说，提高舆论引导能力的方式有（ ）。

A. 深入研究不同传播对象的接受习惯和信息需求

B. 主动设置议题，善于因势利导

C. 认真研究传播艺术，利用现代传播手段

D. 善于利用新载体、新技术

12. 下列领导人及其观点之间对应关系无误的选项有（　　　　）。

A. 邓小平——传媒要成为全国安定团结的思想上的中心

B. 江泽民——以科学的理论武装人，以正确的舆论引导人，以高尚的精神塑造人，以优秀的作品鼓舞人

C. 胡锦涛——要坚持用时代要求审视新闻宣传工作，按照新闻传播规律办事

D. 习近平——要与媒体保持密切联系，自觉接受舆论监督

13. 在新闻工作中实现群众路线的方法有（　　　　）。

A. 为人民群众服务

B. 拓展群众参与渠道并开发群众资源

C. 怀有群众意识，尊重并了解群众

D. 让群众成为新闻的主角，使用群众喜爱的新闻语言

14. 新闻工作者在坚持新闻的真实性方面，应该做到（　　　　）。

A. 以辩证唯物主义反映论指导新闻工作

B. 新闻报道必须以事实为依据

C. 以主观好恶判断信息的真实性

D. 发扬深入实际、调查研究、求真务实、实事求是的作风

15. 以下关于新闻工作者的说法，正确的是（　　　　）。

A. 新闻工作者是指从事信息处理的人

B. 新闻工作者拥有进行信息传播的资源和权利

C. 新闻工作者必须承担相应的社会责任，遵守一定的职业道德和规范

D. 新闻工作者有责任确保新闻业的健康运行和社会舆论的公正公平

三、简答题（本大题共 4 小题，每小题 5 分，共 20 分）

16. 简述新闻工作者职业道德的本质特征。

17. 简述开展新闻舆论监督的原则。

18. 广播电视新闻的语言表达应遵循广播电视媒体的传播特点，具体表现有哪些？

19. 新闻工作者的职业修养主要包括哪些方面？

四、辨析题（本大题共 3 小题，每小题 12 分，共 36 分）

20. 马克思主义新闻观的核心和精髓是党性原则。

21. 社会主义文艺中的主旋律和多样化是辩证的、有机的统一。

22. 根据规定，新闻从业人员可以随便开博客。

五、论述题（本题 24 分）

23. 论述社会主义新闻工作者的合格标准。

模拟试卷（四）参考答案

一、单项选择题（本大题共 10 小题，每小题 1 分，共 10 分）

1. B   2. A   3. D   4. A   5. D   6. B   7. D   8. C
9. C   10. C

二、多项选择题（本大题共 5 小题，每小题 2 分，共 10 分）

11. ABCD   12. ABCD   13. ABCD   14. ABD   15. BCD

三、简答题（本大题共 4 小题，每小题 5 分，共 20 分）

16. 答题要点：

新闻工作者职业道德主要是针对新闻工作者职业行为的道德原则和规范。新闻工作者职业道德是约束新闻从业者的职业行为、调节新闻传播活动中各方社会关系的一种最基本、最有效的规范形式。随着近代新闻事业的产生以及新闻传播活动成为一种稳定的社会职业，作为规范从业人员的职业行为以及调整它所涉及的各种社会关系的新闻职业道德才逐渐系统、完善起来。

首先，新闻工作者职业道德同普遍的道德现象一样，是一种由经济基础决定的上层建筑，由社会存在决定的社会意识形态，因而它的内容和形式，最终都取决于社会存在，取决于社会的物质生产方式。

其次，新闻工作者职业道德较之其他职业道德，具有更为鲜明的阶级性和更为强烈的政治色彩。新闻事业在传播和发布新闻信息时所显示的社会教化功能和舆论导向功能，决定了它在社会生活中所处的特殊地位。

第三，新闻工作者职业道德是对新闻传播活动的一种特殊的调节规范体系。它反映了人们对新闻事业的健康发展及其对社会产生积极影响的殷切期望。

17. 答题要点：

新闻舆论监督是新闻传媒运用新闻舆论手段对社会所实行的监督，本质上是人民群众利用新闻媒体对社会公共事务行使民主权利而进行的监督活动。

开展新闻舆论监督要重视建设性监督。新闻舆论监督效果要有利于改进工作和解决问题，有利于稳定大局和振奋民心，有利于中央的统一工作部署和维护中央的威信。

开展新闻舆论监督要注意监督的科学性。在新闻舆论监督过程中把握好"适时、适量、适宜"的度，注意平衡，掌握尺寸。

开展新闻舆论监督要遵纪守法。新闻舆论监督的运作必须严格限定在法律、制度、政策以及社会道德规范允许的范围内。

18. 答题要点：

（1）易于接收接受。线性传播、转瞬即逝的特点要求受众的思维紧紧跟随，容不得细细揣摩，同时广播电视受众在文化、年龄上是多层次的，因此，广播电视新闻写作的内容和语言应明白晓畅，易于接收、接受。

（2）可听性。广播电视要求受众用听觉器官捕捉语音、语义，因此要让受众听得见、听得懂，要求"入耳"和"入脑"，便于耳听接收。

（3）准确性。广播电视新闻的语言表达要求真实准确，新闻报道对象要确有其事，构成新闻的基本要素、过程细节、引语、资料等都应是准确的。

（4）完整性。广播电视新闻写作中，信息应相对完整。

（5）通俗性。要把深刻的思想、复杂的问题等用浅显易懂的语言表达清楚。注意通俗化不等于简单化、庸俗化。

19. 答题要点：

一是政治修养。新闻工作者在政治上要求高，要讲党性，讲政治，把政治坚定性、政治洞察力和政治责任感作为第一位修养。

二是思想修养。不唯上，不唯书，只唯实，把做坚定的唯物主义者、坚持实事求是的思想路线作为根本的思想修养。

三是法制观念和职业道德修养。新闻工作者对自己的基本要求有六项：全心全意为人民服务；坚持正确的舆论导向；遵守宪法、法律和纪律；维护新闻的真实性；保持清正廉洁的作风；发扬团结协作精神。

四是业务能力修养。包括：政治判断力和新闻敏感性，社会交往与活动能力，调查研究能力，文字表达能力，身体和环境适应能力。

四、辨析题（本大题共 3 小题，每小题 12 分，共 36 分）

20. 答题要点：

这一观点是正确的。

新闻宣传工作的党性原则是一定政党的政治主张、思想意识和组织原则在新闻活动中的体现。我们党在思想上，要以马克思主义作为新闻工作的指针，宣传党的理论基础和思想体系；在政治上，要宣传党的纲领路线、方针政策，使之成为亿万群众的自觉行动；在组织上，要接受党的领导，遵守党的组织原则和新闻宣传工作的纪律。

21. 答题要点：

这一观点是正确的。

主旋律是时代精神、社会正气和民族品格的集中体现。主旋律必须通过多样化的题材、形式、手法、风格去表现，它本身是丰富多彩、不断创新的。多样化不能与主旋律背道而驰，而是要与主旋律相呼应、相和谐；多样化应该健康向上，不能宣扬拜金主义、享乐主义、极端个人主义等腐朽落后的东西。要多样化地唱响主旋律，多种题材、主题、样式、风格相互促进，文艺园地才能百花盛开。弘扬主旋律需要寓教于乐，提倡多样化不能降格以求。

22. 答题要点：

这一观点是错误的。

根据《新闻从业人员职务行为信息管理办法》第七条规定：新闻从业人员以职务身份开设博客、微博、微信等，须经所在新闻单位批准备案，所在单位负有日常监管职责。

五、论述题（本题 24 分）

23. 答题要点：

在我国，新闻工作者既是党的喉舌，又是人民的喉舌，他们担负着反映人民意志，引导人民正确认识世界和改造世界的重大任务，备受党和人民的关注和重视。一个新闻工作者只有具备相应的职业素养，才能不辜负党和人民的重托，承担起新闻工作者的职责。

一是政治修养。新闻工作者在政治上要求高，要讲党性，讲政治，把政治坚定性、政治洞察力和政治责任感作为第一位修养。

二是思想修养。不唯上，不唯书，只唯实，把做坚定的唯物主义者、坚持实事求是的思想路线作为根本的思想修养。

三是法制观念和职业道德修养。新闻工作者对自己的基本要求有六项：全心全意为人民服务；坚持正确的舆论导向；遵守宪法、法律和纪律；维护新闻的真实性；保持清正廉洁的作风；发扬团结协作精神。

四是业务能力修养。包括：政治判断力和新闻敏感性，社会交往与活动能力，调查研究能力，文字表达能力，身体和环境适应能力。

《广播电视基础知识》模拟试卷（五）

1. 笔试题满分为 100 分。

2. 笔试考试时间为 90 分钟。

3. 考试方式为闭卷考试。

4. 试题类型包括选择题、简答题、辨析题、论述题。

一、单项选择题（本大题共 10 小题，每小题 1 分，共 10 分）

1. "新闻是新近发生的事实的报道。"这一定义的提出者是（　　）。

    A. 徐宝璜　　　　　　　　B. 李大钊

    C. 陆定一　　　　　　　　D. 范长江

2. 新闻工作者准确迅速地识别新闻事实的能力，称为（　　）。

    A. 政治敏感　　　　　　　B. 新闻敏感

    C. 新闻价值　　　　　　　D. 新闻线索

3. 当代马克思主义新闻观的根本原则是（　　）。

    A. 坚持党性原则

    B. 坚持正确舆论导向

    C. 坚持正面宣传为主的方针

    D. 坚持政治家办报

4. 人类早期信息传播活动产生的动力是（　　）。

    A. 人类的好奇心　　　　　B. 人类的求知欲

    C. 人类的生理本能　　　　D. 人类的社会交往

5. 新闻价值的时新性有两层含义：一是指事实在时间上是新近发生的，二是指事实在内容上是（　　）。

A. 及时的   B. 即时的

C. 新鲜未知的   D. 有趣的

6. "第四媒体"指的是（　　　　）。

 A. 手机   B. 电视

 C. 博客   D. 互联网

7. 在运动镜头中，根据摄像机运动的方式来划分类型，不包含下面的（　　　　）。

 A. 变焦距镜头   B. 摇镜头

 C. 移动镜头   D. 跟镜头

8. 人们对新闻报道的最基本要求是（　　　　）。

 A. 新鲜   B. 及时

 C. 重要   D. 真实

9. 我国社会主义新闻事业第一个成文的新闻职业道德的规范条例是（　　　　）。

 A.《记者行为准则》

 B.《记者守则》

 C.《中国新闻工作者职业道德准则》

 D.《记者职业规范》

10. 对青少年中出现"追星现象"的批评属于（　　　　）。

 A. 对决策出台过程的监督

 B. 对决策执行过程的监督

 C. 对决策者和管理者行为的监督

 D. 对值得关注的社会现象的监督

二、多项选择题（本大题共 5 小题，每小题 2 分，共 10 分）

11. 在新闻报道中，以下做法正确的选项是（　　　　）。

 A. 用事实说话，不能主观臆断

B. 内容表述直截了当，慎用情感性词语

C. 写作准确具体，减少修饰性词语

D. 夸张表述，吸引受众关注

12. 关于新闻价值这一理念，以下说法中正确的有（　　　）。

　　A. 新闻事实的选取应当以新闻从业者的主观好恶为基础

　　B. 媒体对新闻价值标准的运用，应恪守在履行社会责任的基础上

　　C. 许多新闻事实被报道，并非只具备了一种新闻价值的要素，而是往往具备了多个要素

　　D. 新闻价值的判断是一个综合判断的过程

13. 舆论监督的实现途径和实施手段是多种多样的，包括（　　　）。

　　A. 公开地报道事实

　　B. 树立典型、批评越轨

　　C. 设置议题

　　D. 组织讨论

14. 马克思主义新闻自由观的主要观点包括（　　　）。

　　A. 新闻自由是资本的自由

　　B. 没有绝对的自由，只有相对的自由

　　C. 新闻自由具有政治属性

　　D. 新闻自由既是目的，也是手段

　　E. 没有抽象的自由，只有具体的自由

15. 下列选项中，属于有偿新闻的是（　　　）。

　　A. 参加采访对象安排在营业性餐厅、歌厅、舞厅、夜总会等公共娱乐场所的活动

　　B. 参加报道对象提供的免费旅游

　　C. 以"开展正面宣传"为诱饵拉广告、要赞助

　　D. 以内参、曝光等方式要挟采访对象做广告或给"封口费"

三、简答题（本大题共 4 小题，每小题 5 分，共 20 分）

16. 新闻真实的基本要求有哪些?

17. 新闻工作者在新闻价值选择过程中如何坚持正确的新闻价值
取向?

18. 怎样理解客观报道?

19. 在运动镜头中，根据摄像机运动的方式，可分为哪些镜头，请
简要介绍。

四、辨析题（本大题共 3 小题，每小题 12 分，共 36 分）

20. 党对文艺战线的基本要求是要坚持为党服务。

21. 激浊扬清、针砭时弊是党的新闻舆论工作必须遵循的基本方针。

22. 广播电视节目中应坚持正面宣传为主，避免批评报道。

五、论述题（本题 24 分）

23. 结合我国广播电视的实际情况，论述应如何"弘扬主旋律，提倡多样化"。

模拟试卷（五）参考答案

一、单项选择题（本大题共 10 小题，每小题 1 分，共 10 分）

1. C　　2. B　　3. A　　4. D　　5. C　　6. D　　7. D　　8. D
9. B　　10. D

二、多项选择题（本大题共 5 小题，每小题 2 分，共 10 分）

11. ABC　　12. BCD　　13. ABCD　　14. BDE　　15. ABCD

三、简答题（本大题共 4 小题，每小题 5 分，共 20 分）

16. 答题要点：

新闻真实的基本含义就是：客观事实是新闻的本源，新闻是对客观事实的真实反映。新闻真实的具体要求是：对事实的报道必须准确无误。主要包括四个方面的内容：

第一，构成新闻的要素"五个 W"要准确无误。也就是说，新闻中的事实无论是时间、地点、人物还是事件发生、变化的原因，都应当是实实在在、确凿有据的，不能有半点误差。这些都是新闻报道的事实的元件，必须准确。

第二，事实的细节描述要有根有据，符合实际。比如事实表现出来的特征、状态及数量，人物的语言、外貌、动作等，都必须完全真实，不能想当然地"笔下生花""合理想象"。

第三，新闻中使用的背景材料要真实可靠。背景材料应与事实直接相关，而不是牵强附会随意选取的。背景材料所涉及的时间、地点、人物、数字、语言、引文，都应当可查可考，不能任意编造。

第四，新闻中所概括的事实要符合客观实际。概括的事实常常具有归纳、综合的特点，是为了更好地描述事实的总体特征和整体面貌，但它必须真实、准确，符合实际，决不能以点代面，以偏概全。

17. 答题要点：

新闻价值取向是指人们对事实的新闻价值的评价尺度与标准。新闻价值选择的基本出发点是考虑受众的需要，因为只有能够适应和满足受众兴趣与需要的事实信息才具有新闻价值。因此，新闻传播者在新闻价值选择的过程中要善于掌握受众的心理，了解受众的兴趣与需要。新闻产品能否实现其价值，最终取决于它适应新闻市场需要的程度和结果，因此，新闻价值选择需要考虑一定时期新闻市场的需求和取向。

新闻传播的主体是新闻传播者，新闻价值的选择也主要是通过新闻传播者来进行的。虽然新闻价值具有客观性，一条新闻其价值的大小是客观存在于构成这条新闻的事实信息之中的，但掌握了新闻价值理论，具有新闻价值选择与判断实践经验的新闻传播者在新闻价值的选择与判断过程中具有重要的作用。在新闻传播过程中，社会控制体现在一定的社会组织和社会机构对于传播内容和传播形式的制约和限制。这种制约和限制会直接影响到新闻价值的选择和判断。任何新闻媒介要想使其传播内容及传播行为得以顺利实现和完成，都必须以不违反社会控制者的制约和限制为条件。

18. 答题要点：

客观报道就是记者在新闻中只报道发生的事实和别人对这些

事实的评价，而不直接发表自己的意见。客观报道的主要特征可以归纳为"用事实说话"。这里面有两层含义：第一，新闻中报道的必须是而且只能是事实。"必须是事实"是新闻的基本要求，"只能是事实"是记者在报道中不直接发表自己的议论和意见，而只报道发生的事实及其相关人物的言行。第二，新闻可以"说话"，即有自己的倾向性，但只能通过"事实"去体现。

19.答题要点：

变焦距镜头，是通过一边改变镜头焦距一边进行拍摄的方式获得的镜头。它的运动是沿着镜头光轴的方向进行的。它可以通过镜头的实际接近、离开实现，也可以通过光学变焦镜头的旋转模拟实现。它有些类似于人们注意力的改变而产生的观察范围及其效果的变化过程，不同之处在于：人的注意力引发的观察范围的变化，是在瞬间完成的，而变焦距镜头的拍摄过程中增加了变化的过渡过程，因而带上了某种表现的意味。

摇镜头，摇镜头的获得过程称作摇摄。摇摄是指摄像机镜头以固定支点为圆心做旋转运动进行拍摄。摇摄就如同人通过转动头部、身体在原地变换姿势产生的环顾性视线移动。

移动镜头，所谓移动镜头，就是摄像机在运动中所拍摄到的镜头。它可以全方位地变换与被拍摄对象的距离和拍摄角度，形成推、拉、移、升、降、跟等各种运动方式。

四、辨析题（本大题共 3 小题，每小题 12 分，共 36 分）

20.答题要点：

这一观点是错误的。

党对文艺战线的基本要求是坚持为人民服务，为社会主义服务。社会主义文艺从本质上讲，就是人民的文艺。要反映好人民的心声，就是坚持为人民服务，为社会主义服务这个根本方向，这是党对文艺战线提出的一项基本要求，也是决定我国文艺事业前途命运的关键。要把满足人民精神文化需求作为文艺和文艺工作的出发点和落脚点，把人民作为文艺表现的主体，把人民作为文艺审美的鉴赏家和评判者，把为人民服务作为文艺工作者的天职。

21. 答题要点：

这一观点是错误的。

激浊扬清、针砭时弊强调的是批评报道，而党的新闻报道工作应遵循的是团结稳定鼓劲、正面宣传为主的方针。社会主义新闻事业面对亿万人民群众的伟大实践，面对发展中的社会主义事业，报道的着眼点自然应当放在主流方面、主导方面。

坚持正面宣传为主，还要注意处理好与批评报道的关系，新闻报道要勇于开展严肃认真的批评，批评、揭露消极的、落后的、丑恶的东西，改进工作，解决问题。

22. 答题要点：

这一观点是错误的。

坚持新闻报道以正面宣传为主，但绝不是放弃批评报道，拒绝对社会黑暗面的揭露和对工作中缺点错误的批评。正面宣传是为了鼓舞人民的斗志，批评报道是为了改进工作，解决问题，增强人们前进的信心，两者都是为了激励人民同心同德，为建设有中国特色的社会主义而努力奋斗。

五、论述题（本题 24 分）

23. 答题要点：

（1）弘扬主旋律就是要在建设有中国特色社会主义理论和党

的基本路线指导下，大力倡导一切有利于发扬爱国主义、集体主义、社会主义的思想和精神，大力倡导一切有利于改革开放和现代化建设的思想和精神，大力倡导一切有利于民族团结、社会进步、人民幸福的思想和精神，大力倡导一切用诚实劳动争取美好生活的思想和精神。

（2）提倡多样化体现了"二为"方向和"双百"方针。提倡多样化就是在不违背"二为"方向的前提下，艺术家表现什么，如何表现，完全可以百花齐放。提倡多样化包括两方面的要求：一是要努力满足人民群众多方面多层次的变化需求。二是，即使是反映主旋律的作品，在题材、形式、风格和表现方法上也要丰富多彩，生动活泼。

（3）坚持弘扬主旋律和提倡多样化的辩证统一，促进文化艺术的繁荣发展。主旋律的内容和形式是丰富多样的，弘扬主旋律，要确保更多的优秀文化产品的创作生产，满足人民群众的多样性需求。提倡多样化，要在坚持正确导向的前提下促进文化的创新、繁荣与发展。

（4）在新的历史条件下，正确处理弘扬主旋律与提倡多样化的关系，就是要既大力弘扬主旋律，又提倡多样化，达到二者高度统一，才有利于社会主义文化艺术事业的繁荣发展。

《广播电视基础知识》 模拟试卷（六）

1. 笔试题满分为 100 分。

2. 笔试考试时间为 90 分钟。

3. 考试方式为闭卷考试。

4. 试题类型包括选择题、简答题、辨析题、论述题。

一、单项选择题（本大题共 10 小题，每小题 1 分，共 10 分）

1. 新闻机构最主要的活动内容是（　　）。

　　A. 进行政治宣传　　　　　　B. 服务社会生活

　　C. 提供文化娱乐　　　　　　D. 传播新闻信息

2. 新世纪新阶段加强和改进新闻宣传工作的重要突破口是（　　）。

　　A. 贴近实际，贴近生活，贴近群众

　　B. 为人民服务，为社会主义服务，为全党全国工作大局服务

　　C. 社会效益第一，社会效益与经济效益统一

　　D. 以"三个代表"重要思想统领新闻宣传工作

3. 新闻线索具有以下特点（　　）。

　　A. 比较简单，完整性强　　　B. 时间短暂，稳定性低

　　C. 反映本质，变动性小　　　D. 虽是信号，却能证实

4. 关于"匿名消息源"，以下说法不正确的是（　　）。

　　A. 尽量使用匿名的消息来源

　　B. 在报道中解释匿名消息源的背景

　　C. 对消息源要求匿名的确切原因，应当作合理的评估与判断

D. 必须使用匿名消息来源时应做到：至少有一名编审人员知道匿名消息源的真实身份

5. 各类新闻事业公开承认的共同原则是（　　　）。

A. 党性原则　　　　　　　B. 群众性原则

C. 真实性原则　　　　　　D. 指导性原则

6. 新闻价值要素中"接近性"的全面含义指的是（　　　）。

A. 地理和心理的接近　　　B. 心理和利益的接近

C. 利益和地理的接近　　　D. 地理、利益和心理的接近

7. 中国共产党创办的第一座人民广播电台是（　　　）。

A. 中国国际广播电台　　　B. 中央人民广播电台

C. 延安新华广播电台　　　D. 北平广播电台

8. "舆论导向正确，是党和人民之福；舆论导向错误，是党和人民之祸。"这一论断的提出者是（　　　）。

A. 毛泽东　　　　　　　　B. 邓小平

C. 江泽民　　　　　　　　D. 胡锦涛

9. 国家广电总局于 2004 年 12 月 2 日向社会公布的《中国广播电视编辑记者职业道德准则》中提出案件报道不应影响司法公正和法律判决。以下说法错误的是（　　　）。

A. 报道公开审理的案件，应遵守相关法律规定

B. 案件判决前，不作定罪、定性报道

C. 不针对法庭审判活动进行暗访

D. 案件判决前，对明显的犯罪事实做媒介宣判

10. 摄像机镜头向下倾斜拍摄，这样的拍摄角度是（　　　）。

A. 平角　　　B. 俯角　　　C. 仰角　　　D. 正面

二、多项选择题（本大题共 5 小题，每小题 2 分，共 10 分）

11. 关于新闻报道的"本质真实"，以下说法正确的是（　　　）。

　　A. 所谓本质真实，是指新闻报道要反映出事物的内在品质和规律

　　B. 并非所有的新闻报道都要做到反映事物的本质

　　C. 新闻报道应当尽可能做到全面、深刻地反映事物的内在品质和规律

　　D. 新闻报道应力求做到对所报道事物的整体上的、宏观上和本质上的把握

12. 下列新闻实践活动中，（　　　）没有做到马克思主义新闻观基本原则与工作方法的统一。

　　A. 追寻事件真相时主要运用网络和电话等便捷式采访

　　B. 结合新闻价值、工作需要和社会效果安排报纸的头版头条

　　C. 带着主题去采访，应付交差了事

　　D. 把原有的栏目改头换面，打上"走基层"的栏花

13. 新闻舆论监督从监督主体看，主要是（　　　）。

　　A. 新闻传媒代表公众舆论对社会实行监督

　　B. 党和政府借助新闻传媒对社会实行监督

　　C. 公众借助新闻传媒对社会实行监督

　　D. 新闻传媒代表党和政府对社会实行监督

　　E. 新闻传媒对自身的监督

14. 在我国，新闻从业者从狭义上讲，是指从事新闻采编一线的人员。其范围包括（　　　）。

　　A. 新闻信息采编播的业务人员

　　B. 新闻产品的技术处理人员

C. 新闻产品的发行推销人员

D. 新闻事业的管理人员

E. 新闻教育和新闻学术的研究人员

15. 下列新闻报道用语不当的有（   ）。

A. 农民工小偷　　　　　　　B. 教授罪犯

C. 贪官妻子　　　　　　　　D. 工人兄弟

三、简答题（本大题共 4 小题，每小题 5 分，共 20 分）

16. 新闻真实的本质要求是什么？

17. 新闻工作者不同于其他职业的特征有哪些？

18. 新闻工作者的自媒体行为如何避免与单位及职业身份产生利益冲突？

19. 简要谈谈艺术作品的"思想性、艺术性、观赏性"三者的关系。

四、辨析题（本大题共 3 小题，每小题 12 分，共 36 分）

20. 新闻工作者坚持党性原则，就不能做到真实、客观、公正。

21. 新闻自由是具体的、相对的、有阶级性的。

22. 在新媒体与"读图时代"，广播的功能与传播价值正在日益丧失。

五、论述题（本题 24 分）

23. 结合实际，论述如何在新闻报道中坚持全面、客观、公正的原则。

模拟试卷（六）参考答案

一、单项选择题（本大题共 10 小题，每小题 1 分，共 10 分）

1. D　　2. A　　3. B　　4. A　　5. C　　6. D　　7. C　　8. C

9. D　　10. B

二、多项选择题（本大题共 5 小题，每小题 2 分，共 10 分）

11. ABCD　　12. ACD　　13. AC　　14. ABCDE　　15. ABC

三、简答题（本大题共 4 小题，每小题 5 分，共 20 分）

16. 答题要点：

新闻真实的本质要求是：本质真实。

所谓本质真实，是指新闻报道要反映出事物的内在品质和规律。社会主义的新闻报道确实有一个反映生活本质、时代本质和历史本质的问题。对本质真实的要求是有条件的，并非所有的新闻报道都要做到反映事物的本质。其实，大量的深度报道，包括一些解释性报道、评述性报道、调查性报道以及工作通讯、事件通讯、新闻评述等，都属于将现象真实与本质真实相结合的报道。新闻报道不能仅仅要求报道事物的表面的、现象的真实，而应当尽可能做到全面、深刻地反映事物的内在品质和规律，即应力求做到对所报道事物的整体上、宏观上和本质上的把握。

17. 答题要点：

一是能够及时、敏锐地反映社会和时局的变化。

二是新闻工作以全社会为其工作对象，也以全社会为其服务对象，新闻工作者能够与社会生活和人民群众保持着十分广泛的联系。

三是新闻工作者要具有坚定的政治信念，具有很强的政治洞察力，作为喉舌、工具具有很强的政治性。

四是新闻媒介在反映舆论、引导舆论方面具有权威性，新闻工作者作为舆论的代表具有很高的权威性，被称为"社会公正的法官"。

五是新闻工作者的职业是一种快节奏、高强度的创造性劳动。

六是新闻工作者往往是在事后在最短的时间里把所发生的事件报道出去，使得新闻工作者所反映的生活会同复杂的实际生活产生一定的距离，因而新闻职业具有浮光掠影的弱点。

18. 答题要点：

新闻工作者使用社会化媒体应当遵循"内外有别"原则，避免与单位及职业身份产生利益冲突。具体应做到：

（1）对事实信息的发布提供相关链接；

（2）对冲突事件表态应当谨慎；

（3）不传播敏感或争议性话题的内部讨论；

（4）不传播对媒体内部事务的建议；

（5）及时删除评论（跟帖）中损害单位利益的内容。

19. 答题要点：

把思想性、艺术性、观赏性统一起来，是艺术作品的基本要求。"三性"统一，第一位的是思想性，思想性是艺术性、观赏性的灵魂，文艺作品的艺术性和观赏性是为思想性服务的。艺术性、观赏性同样重要，如果没有艺术性和观赏性，作品的思想性就难以发挥作用，思想性就难以体现，也难以产生影响。只讲思想性，不讲艺术性、观赏性，作品会让人看不下去；只强调艺术性，不讲究观赏性，作品会让人看不明白。思想性、艺术性、观赏性是相统一的，密不可分的。只有思想性、艺术性、观赏性相统一，文艺作品才有生命力、吸引力、感染力和影响力。

四、辨析题（本大题共 3 小题，每小题 12 分，共 36 分）

20. 答题要点：

这一观点是错误的。

新闻工作的党性原则要求新闻工作者在思想上以马克思主义为指针，在政治上宣传党的纲领路线、方针政策，在组织上接受党的领导，遵守党的组织原则和新闻宣传工作的纪律。

新闻真实性指新闻报道以客观存在的事实为对象，坚持实事求是的原则，使报道结果符合实际；新闻客观性指新闻报道以客观存在的事实为对象，以客观叙述为表达方式；新闻公正性指新闻报道为对立的双方提供平等反映意见的机会。

社会主义新闻工作者只有遵循党性原则，运用马克思主义的立场、观点和方法，一切从实际出发，实事求是地对客观事物进行科学分析和准确判断，才能从根本上做到报道的真实、客观和公正。

21. 答题要点：

这一观点是正确的。

新闻自由的具体性表现在它不是一个抽象的概念，它有具体的内容；其相对性表现在它受一定社会法律和政策的约束；其阶级性表现在，在阶级社会中，只有统治阶级才拥有新闻自由，而被统治阶级被剥夺了新闻自由。

22. 答题要点：

这一观点是错误的。

受众的多元化需要，决定了广播媒体的生存空间。广播具有独特的传播优势：迅速反应、覆盖面广，成本低廉、便于互动，伴随收听、声情并茂。广播在发挥传统优势的同时，可借助新媒体实现可视可听可读，新媒体时代广播的功能和传播价值不仅不会丧失，反而会得到更大的拓展。

五、论述题（本题 24 分）

23. 答题要点：

（1）新闻报道要全面、客观、公正，是新闻传播内在规律的要求，也是社会主义新闻事业普遍遵循的一条原则。

（2）全面：是相对片面而言的。任何事物都不是孤立地存在的，而是相互联系的；任何事物又都是矛盾的统一体，可以一分为二的。新闻报道选择事实时，应从事实的全部总和中去把握事实，从事实的相互联系中准确地描述事实，而不是孤立地、静止地、片面地看待事实。

（3）客观：是相对主观而言的。新闻报道应从客观实际出发，客观地描述事实的状态、特征、变化、内在的因果关系及事物之间的联系，从而使报道的事实符合实际；而不应从主观意愿出发，任意摆弄客观存在的事实，或以主观意见代替客观事实。

（4）公正：是指新闻报道应秉持公平的、平等的态度。报道事实时，不能以一己之利或一己之见决定取舍。当人民群众对所报道的事实以及对事实所作的评论出现意见分歧时，应尊重他们表达意见的权利，保持公正的立场。

（5）全面、客观、公正虽有各自的内涵和要求，但三者之间是互相联系的。世界上并没有什么完全孤立的事件，而总是在全局、整体中存在着，在事件与事件的相互联系中不断发展变化着，没有对客观事实的全面把握和真实报道，自然谈不上什么客观与公平；只有坚持客观报道，坚守公正立场，才能自觉地、准确地把握事实，并做出真实、全面的报道，从而赢得人民群众的信任。

《广播电视基础知识》 模拟试卷（七）

1. 笔试题满分为 100 分。

2. 笔试考试时间为 90 分钟。

3. 考试方式为闭卷考试。

4. 试题类型包括选择题、简答题、辨析题、论述题。

一、单项选择题（本大题共 10 小题，每小题 1 分，共 10 分）

1. "报喜不报忧"，实质上是一种（　　　）。

　　A. 正面宣传　　　　　　　　B. 鼓动性宣传

　　C. 片面性宣传　　　　　　　D. 指导性宣传

2. "舆论导向正确，是党和人民之福；舆论导向错误，是党和人民之祸。"这一论断的提出者是（　　　）。

　　A. 毛泽东　　　　　　　　　B. 邓小平

　　C. 江泽民　　　　　　　　　D. 胡锦涛

3. 新闻价值构成要素不包括（　　　）。

　　A. 真实性　　　　　　　　　B. 重要性

　　C. 显著性　　　　　　　　　D. 趣味性

4. 在新闻工作中，"自律"与"他律"的关系，具体指的是（　　　）。

　　A. 新闻价值与新闻政策的关系

　　B. 新闻道德与新闻法制的关系

　　C. 指导性与服务性的关系

　　D. 党性与群众性的关系

5. 北京人民广播电台最初的台名是（   ）。

    A. 北京广播电台   B. 中国人民广播电台

    C. 中央广播电台   D. 北平新华广播电台

6. 新闻选择有两个主要标准：一是新闻价值，二是（   ）。

    A. 政策法规和伦理道德

    B. 新闻的可读性和真实性

    C. 版面和文章章节的审美标准

    D. 宣传效果和舆论导向

7. 人们对新闻报道的最基本要求是（   ）。

    A. 新鲜   B. 及时

    C. 重要   D. 真实

8. 媒体报道某地发生虐待父母事件，其监督对象是（   ）。

    A. 值得关注的社会现象

    B. 一般社会成员的不良行为

    C. 决策执行过程

    D. 决策出台过程

9. 音响在新闻节目中最基本和最重要的作用是（   ）。

    A. 增加报道的可信性   B. 增加报道的生动性

    C. 增加报道的感染力   D. 增加报道的现场感

10. 电视影像的摄录过程中光线分为自然光和（   ）。

    A. 人工光   B. 物理光

    C. 高光   D. 低光

二、多项选择题（本大题共 5 小题，每小题 2 分，共 10 分）

11. 下列做法中，符合新闻客观的理念的选项有（   ）。

    A. 报道中要做到将事实与观点分离

B. 不使用带有强烈感情色彩或倾向的词汇

C. 不使用片面的消息来源

D. 给予受批评者答辩的机会，做到形式上的客观

12. 新闻真实与准确的要求有（　　　）。

A. 保证确有其事，不道听途说

B. 对所引用的一切资料等都具备确切的来源

C. 核实关键性事实

D. 报道若出现失实，及时更正

13. 在传统媒体对待网络民意或网络舆情的以下做法中，正确的做法有（　　　）。

A. 进行热点问题的网络调查，了解网民观点

B. 集纳网民的言论和意见，作为报道素材

C. 在网络平台发布信息或评论，回应网民问题

D. 关闭媒体微博页面的留言板，以防信息过载

14. "三贴近"继承了我国新闻工作的优良传统，"走转改"是实现"三贴近"的有效途径，其主要原因有（　　　）。

A. 因为"走转改"体现了社会主义新闻工作的要求

B. 因为"走转改"指明了加强和改进新闻工作的有效途径

C. 因为"走转改"践行了舆论引导和宣传艺术结合的方针

D. 因为"走转改"是对马克思主义新闻观的新发展

15. 2009 年新修订的《中国新闻工作者职业道德准则》中第一条"全心全意为人民服务"中提出了"三个统一"，具体表述为（　　　）。

A. 把体现党的主张与反映人民心声统一起来

B. 把坚持正确导向与通达社情民意统一起来

C. 把坚持正面宣传为主与加强和改进舆论监督统一起来

D. 把社会效益和经济效益统一起来

三、简答题（本大题共 4 小题，每小题 5 分，共 20 分）

16. 新闻价值的客观性与综合性分别指的是什么？

17. 为什么说真实是新闻的生命？

18. 电视影像的基本特征有哪些？

19. 自媒体带给新闻工作更多便利的同时，对新闻工作者提出了哪些要求？

四、辨析题（本大题共 3 小题，每小题 12 分，共 36 分）

20. 新闻报道要坚持客观性原则，就不能有倾向性。

21. 媒体进行产业经营，必然会影响新闻公正。

22. 电视作品长于再现，现场感强烈。

五、论述题（本题 24 分）

23. 结合实际，论述在新形势下如何坚持"政治家办报办台"。

模拟试卷（七）参考答案

一、单项选择题（本大题共 10 小题，每小题 1 分，共 10 分）

1. C   2. C   3. A   4. B   5. D   6. A   7. D   8. B
9. A   10. A

二、多项选择题（本大题共 5 小题，每小题 2 分，共 10 分）

11. ABC   12. ABCD   13. ABC   14. ABD   15. ABC

三、简答题（本大题共 4 小题，每小题 5 分，共 20 分）

16. 答题要点：

新闻价值的客观性指事实本身所具有的足以构成新闻的各种特殊素质是客观的，不以传播者的主观需要而增减。一是事实本身确实包含有这些素质，二是它能否成为新闻是由受众而不是由传播者的主观意志所决定的。但是，衡量客观存在的新闻价值，却是取决于新闻工作者的主观是否能够正确地反映客观。

新闻价值的综合性指受众在选择和判断事实时所反映出来的需求欲望、价值观念、社会心理等，总是受到一定社会的经济、政治和文化的制约。具体判断新闻价值，不仅包括信息价值，而且包括宣传舆论价值、文化教育价值，它是一个综合判断的过程。

17. 答题要点：

真实是新闻的生命。坚持新闻报道的真实性，是社会主义新闻事业必须始终遵循的一条基本原则。坚持新闻真实是新闻媒体取得公众信任的前提，是新闻工作者职业道德的基本要求，是新闻事业存在和发展的根本立足点。新闻是面向社会的信息传播，新闻真实不仅关系到社会成员的利益，而且关系到社会的稳定和国家的利益。失实的新闻报道是新闻工作的大敌，是社会的公害。坚持新闻的真实性，是新闻事业一项不可动摇的基本原则，必须坚持不懈，持之以恒。

18. 答题要点：

（1）再现性的本质特征。电视摄像机所摄录画面音响中的对象是具体的客观存在物，画面能客观准确地再现镜头前拍摄的现象，包括对象的运动、色彩、影调等。因此，纪实性电视画面被看做是现实的真实再现，能激起观众相当强烈的现实感。

（2）时空一体的运动存在方式。电视影像是时空一体、连续运动的活动画面。一方面，电视影像展示的是与客观世界同样的情景，而时空一体的运动变化是人类感知客观世界的基本方式。另一方面，电视摄录系统也以它特有的方式记录、传播其摄录对象，这其中就包含着其自身的运动与变化，如有水平方向、垂直方向等各种不同角度的推、拉、摇、移、升、降、甩等镜头运动。它们提供了人们观察对象的不同视野和视角，也提供了制作者观察、选择与传达信息的能动性。

（3）声像一体的信息形式。电视影像具备声像一体记录的能力。现实中的事物一般都是存在于特定的声音背景中的，声像一体是人类接受外界信息惯常的自然方式，声像一体的相互引导与印证作用，可以使受众更准确、更全面、更轻松自然地把握信息。因而，它是电视影像的传播优势之一，也是受众对电视影像的基本期待。

（4）限定性显示空间。就目前而言，电视影像的拍摄与显示还不是全视域的。人们只能在限定的显示屏幕框架内观看影像。这种拍摄与显示上的制约性，决定了电视的摄录、传达与接受方式，具有相当的强制性。

（5）感性的符号形式。影像作为符号，是完全感性的自然符号，一般不具备抽象性和概括性，它是个别的、特殊的感觉——知觉层面的丰富信息。因此，影像符号长于展示而拙于阐释。

（6）孤立影像含义的不确定性。由于画面是客体的再现，而客体是不会自己向观察者讲述其意义的——意义是关系的产物；对于影像来说，其意义是人对影像中显示的关系的把握。因而，对处于该关系变化过程之外的电视受众而言，对作为关系要素的各画面或镜头孤立来看，其含义是无法确定的，可以做多种理解。

19. 答题要点：

自媒体带给新闻工作更多便利的同时，也对新闻工作者提出了更高的要求：

首先，不能为了关注度、"一夜成名"等的诱惑，不顾新闻的真实性，编造耸人听闻的假新闻。记者的专业素养和职业道德受到了更大的考验。

其次，面对海量的新闻来源，在享受网络便捷的同时，新闻工作者也身处各类信息泛滥的情境。记者更要提高新闻价值的辨别力，在兼顾新闻时效性的同时，应多方调查，深度思考，防范网络传言的陷阱，这样才能防范虚假新闻。

四、辨析题（本大题共 3 小题，每小题 12 分，共 36 分）

20. 答题要点：

这一观点是错误的。

新闻报道的客观性原则是指新闻工作者以客观事物为反映对象，以客观叙述为反映手段的一种工作规范，包括内容和形式两个方面。

内容上的客观，指新闻事实是一种客观存在。形式上的客观，指新闻的倾向性是通过新闻事实的逻辑力量显现的。报道者善于寓褒贬于客观叙述之中，而不随意加以主观的解释。客观和倾向并不矛盾，新闻报道者的立场和倾向性，应该通过对新闻事实及新闻表述的选择和组织来显示，对经过精心选择的新闻事实进行实事求是的客观叙述，完全可以鲜明地表达报道者的立场和观点。

21. 答题要点：

这一观点是错误的。

媒体进行产业经营与坚持新闻公正并不是对立的。良性的产业经营能够促进新闻事业的发展。在产业经营中，只要始终坚持新闻真实性原则，恪守新闻职业道德，就能确保新闻客观公正。新闻媒体还要始终坚持把新闻事业的社会效益放在首位，这样才能保证新闻的公正。

22. 答题要点：

这一观点是正确的。

电视在真实再现事物的变化过程方面，具有得天独厚的优势。在现实中事物发展变化的信息往往是多形式全方位同时发生的，例如伴随着一个具体事物发展变化的氛围、条件等，电视可以较全面地记录反映这一状况，使观众真正进入见其人、闻其声的接收状态。

五、论述题（本题 24 分）

23. 答题要点：

（1）在新的形势下贯彻政治家办报办台方针，要坚持党管干部、党管人才的方针，确保各级各类新闻机构的领导权牢牢掌握在忠于马克思主义、忠于党和人民的人手里。坚持政治家办报办台，就要适应新时期新闻舆论工作的需要，高标准地搞好新闻队伍建设。新闻工作者，特别是共产党员和领导干部，必须努力提高自己的思想政治素质和业务素质。

（2）新闻工作者要打好理论路线根底。要坚持马列主义、毛泽东思想和中国特色社会主义理论体系，坚持党的基本路线，用以指导自己的思想和工作。理论路线根底打好了，不管情况多么复杂，形势怎样变化，都会保持坚定正确的政治立场和政治方向。

（3）要打好政策法规纪律根底。要牢牢掌握中央的方针政策，牢牢掌握国家的法律法规，严守新闻工作纪律。新闻工作是政治性、政策性极强的工作，新闻工作者如果对党的方针政策和国家的法律法规不懂不熟悉，那就宣传不好，甚至出现误导，给党和人民的事业带来不应有的损失。

（4）要打好群众观点根底。新闻工作、党报工作，说到底，也是群众工作，是我们党联系群众的重要纽带。密切联系群众，是新闻工作者的必修课和基本功。大家要树立牢固的群众观点，同广大人民群众同呼吸，共命运，善于做调查研究工作，紧扣时代的脉搏，倾听群众的心声，多写反映改革开放和社会主义现代化建设的好作品。

（5）要打好知识根底。知识就是力量。新闻工作者首先要努力掌握与自己的业务工作直接有关的知识，同时，还要博览群书，哲学、政治、经济、法律、历史、文学等方面的书籍都应读一些，科技知识也应尽可能多学一些。党的新闻队伍中应该多出一些既懂政治、学识又渊博的编辑、记者、评论员。

（6）要打好新闻业务根底。新闻工作，无论编辑、采访，都需要有业务能力，特别是要有很好的文学修养。现在，媒体刊播的许多报道，主题好，内容好，语言也很精彩，使人在受教育的同时，也得到美的享受。但是也有一部分新闻作品，不讲究辞章文采，文字干巴巴的，翻来覆去老是那么几句套话，也有的哗众取宠，乱造概念，词句离奇，使人看不懂，这种不良文风应加以纠正。要大力提倡新闻工作者苦练基本功。

《广播电视基础知识》 模拟试卷（八）

1. 笔试题满分为 100 分。

2. 笔试考试时间为 90 分钟。

3. 考试方式为闭卷考试。

4. 试题类型包括选择题、简答题、辨析题、论述题。

一、单项选择题（本大题共 10 小题，每小题 1 分，共 10 分）

1. 提出"只有忠实于事实，才能忠实于真理"著名论断的是（　　　）。

　　A. 毛泽东　　　　　　　　　B. 周恩来

　　C. 刘少奇　　　　　　　　　D. 邓小平

2. 新闻是"易碎品"，因此新闻记者报道新闻要讲究（　　　）。

　　A. 有抢有压　　　　　　　　B. 有闻必录

　　C. 争取时效　　　　　　　　D. 用事实说话

3. （　　　）是坚持"二为"方向和"双百"方针的具体体现，是社会主义文艺发展的内在要求。

　　A. 弘扬主旋律，提倡多样化

　　B. 群众路线

　　C. 思想性、艺术性、观赏性的统一

　　D. 创作自由，批评自由

4. 以下说法错误的是（　　　）。

　　A. 广播电视播音员主持人应树立良好的声屏形象，尊重大众审美情趣和欣赏习惯

　　B. 广播电视播音员主持人形象设计要符合中华民族的文化传统，不盲目模仿境外和外国人的形象，不用外国人的名字作为艺名

　　C. 广播电视播音员主持人的形象要追求个性，要不拘一格，只要自己喜欢就可以

　　D. 少儿节目主持人的服饰、发型、化妆、声音、举止要充分考虑到对未成年人的影响，展示积极健康向上的形象和精神风貌

5. 为了解决广大农民群众听广播、看电视难的问题，从 1998 年起党中央、国务院开始实施（　　　）。

　　A. "广播电视下乡工程"　　　B. "广播电视四级混合覆盖"

　　C. "广播电视村村通工程"　　　D. "四级办广播电视"

6. 中国国际广播电台的办台宗旨是（　　　）。

　　A. "向世界介绍中国，向中国介绍世界，向世界报道世界，增进中国人民与世界人民之间的了解和友谊"

　　B. "中国立场、世界眼光、人类胸怀"

　　C. "适应当代网络、数字等新媒体技术发展趋势，实现无疆界、跨媒体综合传播"

　　D. "国家责任、全球视野、人文情怀"

7.（　　　）适用于表现较大范围的空间、环境、自然景色或众多人物的活动场面。

　　A. 远景　　　　B. 全景　　　　C. 近景　　　　D. 特写

8. 在新闻类广播节目中，语言的基本形态不包括（　　　）。

　　A. 新闻播音语言　　　　　　B. 新闻报道语言

　　C. 实况语言　　　　　　　　D. 视听语言

9.（　　　）主要面向手机、掌上电脑等小屏幕便携手持终端以及车载电视等终端提供广播电视服务。

A. 移动多媒体广播　　　　　B. 数字无线电广播

C. 卫星电视　　　　　　　　D. 楼宇广告

10. 中国网络电视台是中央电视台旗下的国家网络广播电视播出机构，着力为全球用户提供包括视频直播、点播、上传、搜索、分享等在内的，方便快捷的"全功能"服务，成为深受用户喜爱的（　　　）。

A. 多媒体节目视听平台　　　B. 网络视频公共服务平台

C. 交互式电视机构　　　　　D. 电视节目播出与运营机构

二、多项选择题（本大题共 5 小题，每小题 2 分，共 10 分）

11. 在案件报道中，以下记者的做法正确的有（　　　）。

A. 不妨碍刑事侦讯工作，不提前泄露案情

B. 跟随公安部门现场报道办案过程时，不参与、不干涉、不打扰办案

C. 尊重法官，不强行采访

D. 尊重犯罪嫌疑人合法权利，不对其进行审讯式访谈

12. 下列选项中，（　　　）能够确保新闻报道的公正。

A. 禁止对任何人的歧视

B. 保持中立，做到利益规避

C. 平衡呈现各方观点，保持中立

D. 多采访学术界人士和记者

13. 记者采访中不能收的物品有（　　　）。

A. 小额的现金

B. 购物卡

C. 礼品券

D. 活动纪念品

14. 用"三贴近"加强和改进新闻宣传工作，主要体现在新闻宣传工作要在（　　　）等方面进行创新。

    A. 内容   B. 形式   C. 观念   D. 方法   E. 体制

15. 广播语言是广播运载信息最基本的符号系统。在新闻类广播节目中，语言的基本形态有（　　　）。

    A. 新闻播音语言   B. 新闻配乐语言

    C. 新闻报道语言   D. 实况语言

三、简答题（本大题共 4 小题，每小题 5 分，共 20 分）

16. 新闻媒体在网络安全方面应该做到哪些方面？

17. 新闻记者在采访过程中如何尊重被采访对象？

18. 简述广播和电视共同的传播特点。

19. 避免新闻从业者在履行职责过程中的利益冲突要做好哪些工作？

四、辨析题（本大题共 3 小题，每小题 12 分，共 36 分）

20. 在新闻实践中只要做到对党负责就可以了。

21. 媒体竞争的关键是技术的竞争。

22. 较之于报纸，广播媒体是线性传播，选择性差。

五、论述题（本题 24 分）

23. 结合实际，论述如何坚持正确的舆论导向。

模拟试卷（八）参考答案

一、单项选择题（本大题共 10 小题，每小题 1 分，共 10 分）

1. B   2. C   3. A   4. C   5. C   6. A   7. A   8. D
9. A   10. B

二、多项选择题（本大题共 5 小题，每小题 2 分，共 10 分）

11. ABCD   12. ABC   13. ABCD   14. ADE   15. ACD

三、简答题（本大题共 4 小题，每小题 5 分，共 20 分）

16. 答题要点：
第一，树立正确的网络安全观。
第二，加快构建关键信息基础设施安全保障体系。
第三，全天候全方位感知网络安全态势。
第四，增强网络安全防御能力和威慑能力。

17. 答题要点：
采访过程中应尊重采访对象的合理要求；采访中主动出示证件或清楚表明职业身份；就个人隐私进行采访，应取得采访对象同意；对专业问题进行采访，应与专家沟通；遵守对采访报道对象的承诺，如寄送样报、通知收听收看等。

18. 答题要点：
信息量大；受众广泛、覆盖面广；时效性强；转瞬即逝；不易保存。

19. 答题要点：

一是健全防止利益冲突制度。对从业者能干什么，不能干什么，追求哪些利益正当，追求哪些利益不正当，作出具体明晰的界定，使从业者的行为有法可依、有法必依。

二是健全防止利益冲突监督机制，强化对从业行为的监督制约。

三是构建避免利益冲突的教育体系，打造廉洁从业的文化氛围。

四、辨析题

20. 答题要点：

这一观点是错误的。

在新闻实践中要做到对党负责和对人民负责相统一。社会主义新闻事业的党性和人民的利益是完全一致的，在社会主义新闻事业的全部工作中，对党负责与对人民负责应当是完全统一的。人民群众的信任和支持，是党得以生存的基础和力量的源泉。党通过新闻事业同群众保持经常的、密切的联系，由于新闻事业覆盖面广，能够把党的声音广泛传递到群众中去，由于社会主义新闻事业是人民的事业，通过专业新闻工作者和非专业新闻工作者的活动，能把人民的呼声、愿望、批评及时反映出来，并且通过公开的或内部的报道形式传达给党的领导机关。这种生动活泼的联系，使党能够通过新闻事业和群众交谈，使社会主义新闻事业不但在理论上而且在实践中成为党的耳目喉舌和人民的耳目喉舌。

历史经验表明，只有坚持党的正确领导，坚持马克思主义的政治路线和思想路线，发扬党内民主和社会主义民主，才能保持和加强党和人民群众的联系，才能有效发挥社会主义新闻事业的纽带作用，做到对党负责和对人民负责的统一。

21. 答题要点：

这一观点是错误的。

媒体竞争中技术是非常重要的一环，但关键是人才的竞争，媒体优势核心是人才优势。

22. 答题要点：

这一观点是正确的。

报纸以"面"的、实体的形式呈现在读者面前，读者读报可以按自己的需要和兴趣选择内容，拥有较强的自主权和选择权。而广播则需按时间顺序安排内容，以接连不断的"线"性形式一一呈现出来，受众只能依顺序接收，很难自主选择自己喜爱的节目和内容，也就难以主动把握重点。在特定时间里，受众只能有效地接收一套节目，不能提前、不能推后，更不能错过接收时间。受众的选择权是不完全的。

五、论述题（本题 24 分）

23. 答题要点：

舆论导向指的是新闻宣传中占主导地位的舆论导向。舆论导向直接影响广大社会成员的思想和行动，关系革命和建设事业的成败、党和人民的祸福，是新闻工作中一个需要高度重视、万万不可掉以轻心的原则性问题。能否正确把握舆论导向是检验新闻工作党性的重要标尺。社会主义新闻事业的一项重要任务就是把握正确的舆论导向，坚持用正确的舆论引导人，同时做好错误舆论的转化工作。

坚持正确的舆论导向，根本的是要以马克思列宁主义、毛泽东思想、中国特色社会主义理论体系为指针，自觉地在思想上、政治上、行动上同党中央保持一致，坚定不移地贯彻党的基本理论、基本路线、基本纲领和基本经验，认真宣传党的各项方针、政策，把人民群众的思想统一到中央的精神和工作部署上来，积极推进物质文明、精神文明、政治文明和生态文明建设，促进国民经济持续快速协调健康发展和社会全面进步。

第一，坚持正确的舆论导向，首要的是坚持正确的政治导向。新闻工作者要不断增强政治敏锐性和政治鉴别力，在事关政治方向、政治原则的问题上时刻保持清醒头脑，做到旗帜鲜明，立场坚定，大事面前不糊涂，关键时刻不动摇。

第二，坚持正确的舆论导向，必须增强政治意识、大局意识、责任意识。新闻宣传工作是党和国家工作大局的重要组成部分，从来都是为党和国家发展服务的。

第三，坚持正确的舆论导向，必须唱响主旋律，打好主动仗。在思想空前活跃，社会价值呈现多样化趋势，影响群众思想的因素和渠道越来越复杂多样，社会舆论存在不同声音甚至杂音噪音的情况下，新闻工作要积极主动地用正确的思想舆论去反对和克服错误的思想舆论，保持正确思想舆论的主导地位，巩固和发展全国人民团结奋斗的思想基础。

第四，坚持正确的舆论导向，必须贯彻团结稳定鼓劲、正面宣传为主的方针，还要善于和敢于回答广大群众面临的焦点、热点、敏感问题。

《广播电视基础知识》 模拟试卷（九）

1. 笔试题满分为 100 分。

2. 笔试考试时间为 90 分钟。

3. 考试方式为闭卷考试。

4. 试题类型包括选择题、简答题、辨析题、论述题。

一、单项选择题（本大题共 10 小题，每小题 1 分，共 10 分）

1. 社会主义新闻事业的基本性质、指导方针、根本任务，决定了我国新闻工作者必须始终坚持把（　　　）放在首位。

　　A. 经济效益　　　　　　　B. 社会效益

　　C. 集体利益　　　　　　　D. 物质利益

2. 对新闻的产生起决定性作用的因素是（　　　）。

　　A. 人的好奇心

　　B. 人的耳目喉舌

　　C. 人类社会性的生产劳动实践

　　D. 人类交流新情况的意愿

3. 社会主义新闻事业的党性原则强调新闻工作向党负责，其归根结底是为了（　　　）。

　　A. 对人民负责　　　　　　B. 对社会负责

　　C. 对社会主义事业负责　　D. 对历史负责

4. 与文学相比，新闻的本质特征在于（　　　）。

　　A. 讲究真实　　　　　　　B. 强调为人民服务

　　C. 注重反映普通群众　　　D. 坚持宣传改革开放

233

5. 报道新闻是新闻事业的手段，而表达和引导舆论是新闻事业的（　　　）。

　　A. 基础　　　　　　　　　　B. 目的

　　C. 方法　　　　　　　　　　D. 动力

6. 新闻价值要素中的显著性指事实信息中的人物、地点和事件的（　　　）。

　　A. 道德水准　　　　　　　　B. 影响范围

　　C. 重要程度　　　　　　　　D. 知名程度

7. 新闻价值要素中"重要性"的准确含义是（　　　）。

　　A. 新闻事件的有趣程度

　　B. 事实信息内容的重要程度

　　C. 新闻事件参与者的知名程度

　　D. 新闻内容与受众需要的关联程度

8. 提出"狗咬人不是新闻，人咬狗才是新闻"观点的人是（　　　）。

　　A. 本杰明·戴　　　　　　　B. 约翰·博加特

　　C. 普利策　　　　　　　　　D. 格里利

9. 新华通讯社是（　　　）。

　　A. 政党通讯社　　　　　　　B. 国家通讯社

　　C. 商业通讯社　　　　　　　D. 民间通讯社

10. 从传播的视角，以下不属于新兴媒体的是（　　　）。

　　A. 网络媒体　　　　　　　　B. 移动媒体

　　C. 互动电视媒体　　　　　　D. 楼宇电视

二、多项选择题（本大题共 5 小题，每小题 2 分，共 10 分）

11. 新闻职业道德失范给新闻事业带来的危害有（　　　）。

　　A. 败坏行业风气

B. 降低媒体的社会公信力

C. 销蚀媒体的受众满意度

D. 严重影响新闻传播的权威性、公正性和纯洁性

12. 2016 年 2 月 19 日，中共中央总书记、国家主席、中央军委主席习近平在北京主持召开党的新闻舆论工作座谈会并发表重要讲话。他指出在新的时代条件下，要承担起党的新闻舆论工作的职责和使命，必须（　　　）。

A. 牢牢坚持党性原则

B. 牢牢坚持马克思主义新闻观

C. 牢牢坚持正确舆论导向

D. 牢牢坚持正面宣传为主

13. 《中国广播电视编辑记者职业道德准则》规定，广播电视记者应尊重公民和法人的（　　　），避免损害他人名誉的报道。

A. 名誉权　　　　　　　　　B. 荣誉权

C. 肖像权　　　　　　　　　D. 隐私权

14. 新闻工作者的业务能力修养包括（　　　）。

A. 政治判断力和新闻敏感性

B. 社会交往与活动能力

C. 调查研究能力

D. 文字表达能力

15. 随着信息技术的发展，"三网融合"成为国际化趋势，这"三网"指的是（　　　）。

A. 广播网　　　　　　　　　B. 电信网

C. 有线电视网　　　　　　　D. 计算机网络

三、简答题（本大题共 4 小题，每小题 5 分，共 20 分）

16. 简述新闻工作者职业道德的本质特征。

17. 为确保新闻的真实、准确、客观、公正，新闻记者在哪些情形下应当回避？

18. 简述电视的传播特点。

19. 简述为什么坚持正确舆论导向必须要"把好关、把好度"？

四、辨析题（本大题共 3 小题，每小题 12 分，共 36 分）

20. 舆论监督要实现目的，就要不顾一切地达到打击的效果。

21. 党性原则是我国社会主义新闻改革的最大绊脚石。

22. 只要获得国外媒体的邀请，新闻记者就可以担任国外节目的"特约记者"。

五、论述题（本题 24 分）

23. 论述如何按照"三贴近"原则加强和改进新闻宣传工作。

模拟试卷（九）参考答案

一、单项选择题（本大题共 10 小题，每小题 1 分，共 10 分）

1. B　　2. C　　3. A　　4. A　　5. B　　6. D　　7. B　　8. B

9. B　　10. D

二、多项选择题（本大题共 5 小题，每小题 2 分，共 10 分）

11. ABCD　　12. ABCD　　13. ABCD　　14. ABCD　　15. BCD

三、简答题（本大题共 4 小题，每小题 5 分，共 20 分）

16. 答题要点：

新闻工作者职业道德主要是针对新闻工作者职业行为的道德原则和规范。新闻工作者职业道德是约束新闻从业者的职业行为、调节新闻传播活动中各方社会关系的一种最基本、最有效的规范形式。随着近代新闻事业的产生以及新闻传播活动成为一种稳定的社会职业，作为规范从业人员的职业行为以及调整它所涉及的各种社会关系的新闻职业道德才逐渐系统、完善起来。

首先，新闻工作者职业道德同普遍的道德现象一样，是一种由经济基础决定的上层建筑，由社会存在决定的社会意识形态，因而它的内容和形式，最终都取决于社会存在，取决于社会的物质生产方式。

其次，新闻工作者职业道德较之其他职业道德，具有更为鲜明的阶级性和更为强烈的政治色彩。新闻事业在传播和发布新闻信息时所显示的社会教化功能和舆论导向功能，决定了它在社会生活中所处的特殊地位。

第三，新闻工作者职业道德是对新闻传播活动的一种特殊的调节规范体系。它反映了人们对新闻事业的健康发展及其对社会产生积极影响的殷切期望。

17. 答题要点：

与报道对象有夫妻关系、直系血亲关系、三代以内旁系血亲以及近姻亲关系；与报道对象素有往来的朋友、同乡、同学、同事、恋人等关系；与报道对象存在具体的经济、名誉等利用关系；不在本媒体上发表有关本单位及员工法律纠纷的报道和评论。

18. 答题要点：

（1）信息符号视听兼备，声像互动，可以传递比其他媒介更多的信息。电视同时调动图像、声音、文字和画面景别、角度、色彩等手段传播信息，以达到真实、全面、生动地反映社会生活的目的。

（2）长于再现，重构时空，现场感强烈。电视在真实再现事物的变化过程方面，具有得天独厚的优势。在现实中事物发展变化的信息往往是多形式全方位同时发生的，例如伴随着一个具体事物发展变化的氛围、条件等，电视可以较全面地记录反映这一状况，使观众真正进入见其人、闻其声的接收状态。

（3）时效性强。同广播媒介一样，随着传播技术的不断进步，电视的采制设备也日益趋向小型化，大大提高了其传播效率，时效性越来越强。

（4）在传播劣势上，同广播一样，电视也存在转瞬即逝、不易保存，信息选择性差的劣势。除此之外，电视画面传播的局限性也成为限制。影视符号是感性的符号形式，不具备抽象性和概括性。它是个别的、特殊的，长于展示而拙于阐释。另外影视符号有孤立影像含义的不确定性。

19. 答题要点：

坚持正确的舆论导向必须把好关、把好度，是马克思主义世界观和方法论的重要内容，体现了马克思主义新闻观的政治观念、责任要求，反映了马克思主义认识事物、处理矛盾的科学方法。

"把好关"，就是要从人民的根本利益出发，从党和国家工作大局出发，正确判断哪些应该报道，哪些不应该报道；哪些应该多报、详报，哪些应该少报、简报，从而正确地引导社会舆论。

"把好度"，就是要把握分寸、力度，把握报道的时机。要审时度势，了解大局、服从大局、服务大局，要因时、因人、因地、因事制宜。度能否把握得好，是对新闻工作者特别是新闻战线领导干部科学运用唯物辩证法能力的检验，是思想、政治、理论、政策、业务水平的综合检验。

只有把好关、把好度，才能确保导向正确，水平提高，阵地巩固，影响扩大。既要在政治上、政策上把好关、把好度，又要在热点引导、舆论监督等具体问题上把好关、把好度，归根结底是要在导向上把好关、把好度。

四、辨析题（本大题共 3 小题，每小题 12 分，共 36 分）

20. 答题要点：

这一观点是错误的。

舆论监督要坚持建设性监督、科学监督、依法监督的原则。开展舆论监督要重视建设性监督。舆论监督要善于处理好改革、发展与稳定的关系，把舆论监督的力度与社会、人民群众的承受程度结合起来。舆论监督效果要有利于改进工作和解决问题，有利于稳定大局和振奋民心，有利于中央的统一工作部署和维护中央的威信。

开展舆论监督要注意监督的科学性。在监督过程中把握好"适时、适量、适宜"的度，注意平衡，掌握尺寸。舆论监督要对社会现实和社会发展的主流与本质有正确的判断，在科学调查的基础上，对事物的整体进行全面认识，使舆论监督达到正确的平衡。

舆论监督要遵纪守法。舆论监督的运作必须严格限定在法律、制度、政策以及社会道德规范允许的范围内。在社会主义市场经济条件下，舆论监督要遵纪守法，严格执行宣传纪律，按照相关法律、政策和规定办事。

21. 答题要点：

这一观点是错误的。

新闻工作的党性要求主要内容包括：在思想上，要以马克思主义作为新闻工作的指针，宣传党的理论基础和思想体系；在政治上，要宣传党的纲领路线、方针政策，使之成为亿万群众的自觉行动；在组织上，要接受党的领导，遵守党的组织原则和新闻宣传工作的纪律。

新闻工作的党性原则是新闻改革坚持正确政治方向的根本保证。我们新闻改革的最终目的是强化新闻媒体作为党、政府和人民的耳目喉舌性质，成为党和人民掌握得更加得心应手，更有战斗力的舆论工具。这是新闻改革必须坚持的方向。

22. 答题要点：

这一观点是错误的。

根据国家新闻出版广电总局 2014 年 6 月 30 日印发的《新闻

从业人员职务行为信息管理办法》中第五条的规定，新闻从业人员不得违反保密协议的约定，向其他境内外媒体、网站提供职务行为信息，或者担任境外媒体的"特约记者"、"特约通讯员"、"特约撰稿人"或专栏作者等。

五、论述题（本题 24 分）

23. 答题要点：

（1）坚持"三贴近"原则，是新世纪新阶段加强和改进新闻工作的重要突破口，是加强和改进新闻工作的主要着力点，是提高引导水平和宣传艺术的可靠途径，是新闻工作必须长期坚持的工作原则。

（2）坚持"三贴近"原则，提高引导水平，要注意在内容上创新，改进宣传报道。落实"三贴近"的要求，改进新闻宣传工作，是实践性很强的重要工作。为此，我们必须做到：一要对长期以来积淀而成的落伍的新闻观念、新闻报道方式和新闻活动模式，进行突破与改革；二要以是否贴近实际、贴近生活、贴近群众，作为衡量我们舆论引领水平的根本标准；三要调动包括内容、表述、标题、评论、按语、图表、摄影、漫画等"新闻全要素"，以生动活泼的方式报道新闻；四要以新科技革命的手段，提升新闻宣传的力度、强度和高度，促进新闻队伍整体素质的提高。

（3）坚持"三贴近"原则，提高引导水平，要注意在方法上创新。新闻工作要通过反映群众呼声，满足群众的日常需求，排解群众的现实困难，为群众解疑释惑，实实在在为群众讲话来实现。新闻工作要把党的主张变为广大受众能够接受、愿意接受的观念，并且"内化"为自觉的行动，就必须按新闻规律办事，运用各种生动活泼的新闻手段，在强化与群众利益的相关性和提高受众的兴趣性等方面下工夫，把党的意志转变为群众的语言、新闻的语言，使之入耳入脑。

（4）坚持"三贴近"原则，提高引导水平，要注意在体制上创新。要积极探索建立新形势下保证正确导向、富有经营活力的微观运行机制，完善新闻宣传宏观管理体制，健全突发事件新闻报道工作的快速反应和应急协调机制。要立足长远、瞄准目标，有计划、按步骤地推进新闻工作全面、协调、可持续地发展。党报、党刊、广播电台、电视台等主流媒体必须坚持高格调、高品位，去发掘和发布真正合乎先进生产力发展要求、先进文化前进方向的鲜活生动的真新闻，以权威、深刻彰显其影响力，去影响有影响力的人群，进而引导广大人民群众认识自己的根本利益并为之不懈奋斗。

《广播电视基础知识》 模拟试卷（十）

1. 笔试题满分为 100 分。

2. 笔试考试时间为 90 分钟。

3. 考试方式为闭卷考试。

4. 试题类型包括选择题、简答题、辨析题、论述题。

一、单项选择题（本大题共 10 小题，每小题 1 分，共 10 分）

1. 从历史唯物主义的观点看，新闻事业是（　　　）的产物。

    A. 阶级斗争　　　　　　　　B. 生产斗争

    C. 社会需要　　　　　　　　D. 科技进步

2. 新闻价值是新闻事实或相应作品满足传播主体或接受主体（　　　）。

    A. 新闻需求的程度　　　　　B. 信息需求的程度

    C. 文化需求的程度　　　　　D. 社会需求的程度

3. 坚持新闻真实性原则，不仅要做到具体事实完全真实，还要力求做到（　　　）。

    A. 相对真实　　　　　　　　B. 绝对真实

    C. 本质真实　　　　　　　　D. 逻辑合理

4. 关于新闻中的引语，以下说法不正确的是（　　　）。

    A. 提供引语的来源及背景

    B. 不对原始消息作任何夸大、缩小或"合理添加"

    C. 可以适当编造引语

    D. 如需变动引语，应符合消息来源的原意

5. 在当代信息社会，通常所称的大众传播媒介，应包括（　　　）。

    A. 报纸、杂志、书籍、广播、电视、电影

    B. 报纸、广播、电视、通讯社

    C. 报纸、广播、电视、摄影、通讯社

    D. 报纸、广播、通讯社、特稿供应社、电视

6. 在 2009 年 11 月 9 日，（　　　）对《中国新闻工作者职业道德准则》进行重新修订并颁布，对推动新闻界加强队伍建设，提高职业道德水平具有深远的现实意义。

    A. 中国广播电视协会　　　　　B. 新闻出版总署

    C. 国家广播电影电视总局　　　D. 中华全国新闻工作者协会

7. 下列电视新闻主持人的行为不属于兼职的是（　　　）。

    A. 在某文化公司有股份

    B. 在某房地产公司从事业务咨询

    C. 主持同学的婚庆典礼

    D. 自己开设茶楼

8. 下列选项中，不属于违反新闻工作者职业道德的是（　　　）。

    A. 娱乐新闻　　　　　　　　　B. 虚假报道

    C. 侵权新闻　　　　　　　　　D. 有偿新闻

9. 从传播的视角，以下不属于新型媒体的是（　　　）。

    A. 移动媒体　　　　　　　　　B. 户外新媒体

    C. 楼宇电视　　　　　　　　　D. 车载移动电视

10. 摄像机镜头以固定支点为圆心做旋转运动进行拍摄的是（　　　）。

    A. 推镜头　　　　　　　　　　B. 拉镜头

    C. 摇镜头　　　　　　　　　　D. 移动镜头

二、多项选择题（本大题共 5 小题，每小题 2 分，共 10 分）

11. 2009 年新修订的《中国新闻工作者职业道德准则》中第三条"坚

持新闻真实性原则"中提出要把真实作为新闻的生命，坚持深入调查研究，报道做到（　　）。

  A. 真实　　　　　　　　　　B. 准确

  C. 全面　　　　　　　　　　D. 客观

12.由电视摄录系统记录的一段连续的动态影像流程称为一个镜头，它是电视语言的基本（　　），相当于词语中的词汇。

  A. 修辞单元　　　　　　　　B. 叙事单元

  C. 表意单元　　　　　　　　D. 抒情单元

13. 新闻报道中，消息源应（　　）。

  A. 尽可能模糊报道的消息来源

  B. 在电视专题片、纪录片中使用"真实再现"手法时，不必在画面上标注

  C. 有两个以上的消息来源相互印证

  D. 对核心事实反复验证

14. 坚持政治家办报是（　　）。

  A. 实现党对新闻工作领导的重要保证

  B. 社会主义新闻事业实现经济效益的要求

  C. 社会主义新闻事业党性原则的要求

  D. 社会主义新闻工作者基本素质的要求

15. 新闻舆论监督从监督主体看，主要是（　　）。

  A. 新闻传媒代表公众舆论对社会实行监督

  B. 党和政府借助新闻传媒对社会实行监督

  C. 公众借助新闻传媒对社会实行监督

  D. 新闻传媒代表党和政府对社会实行监督

  E. 新闻传媒对自身的监督

三、简答题（本大题共 4 小题，每小题 5 分，共 20 分）

16. 请简述马克思主义新闻观的含义。

17. 媒体融合的基本形态有哪些？

18. 记者的新闻敏感体现在哪些方面？

19. 新闻事业的舆论监督主要有哪些功能？

四、辨析题（本大题共 3 小题，每小题 12 分，共 36 分）

20. 坚持"百花齐放、百家争鸣"意味着文艺创作和评论可以自由而不受限制。

21.舆论不能命令人们的行为,因此,舆论不能产生社会控制的作用。

22. 文艺不能当市场的奴隶,不要沾满了铜臭气。所以,一部好的作品,应该只注重社会效益。

五、论述题（本题24分）

23.结合实际,论述社会主义新闻舆论监督的意义。

模拟试卷（十）参考答案

一、单项选择题（本大题共 10 小题，每小题 1 分，共 10 分）

1. C　　2. A　　3. C　　4. C　　5. A　　6. D　　7. C　　8. A
9. A　　10. C

二、多项选择题（本大题共 5 小题，每小题 2 分，共 10 分）

11. ABCD　　12. BC　　13. CD　　14. ACD　　15. AC

三、简答题（本大题共 4 小题，每小题 5 分，共 20 分）

16. 答题要点：

马克思主义新闻观是指马克思主义对于新闻现象和新闻传播活动的总的看法。它涉及诸如新闻本源、新闻本质及新闻传播规律等许多根本性问题，其核心是马克思主义关于无产阶级及其政党新闻事业的工作性质、工作原则和工作规律的一系列基本观点。它是马克思主义的世界观、人生观和价值观在新闻传播领域的反映和体现。它告诉人们怎样运用辩证唯物主义和历史唯物主义的观点和方法去看待新闻现象，去回答新闻传播活动中所出现的各种问题。

17. 答题要点：

媒体融合的基本形态有：

（1）内容融合。内容融合就是将不同媒介形态的生产，依托数字技术形成跨平台、跨媒体的使用，利用数字化终端，形成多层次、多类型的内容融合产品。

（2）网络融合。网络融合是指媒介传输渠道的融合，具体主要是指三网融合，即电信网、广电网、互联网的融合。

（3）终端融合。终端融合是指受众获取传媒产品的终端应用的融合，主要是三屏融合，即电视屏、电脑屏、手机屏的融合。

18. 答题要点：

三个方面：

（1）及时发现新闻线索，迅速捕捉事物正在或即将发生的最新变化。

（2）准确判断新闻价值，从众多新闻事实中选择出最有新闻价值的事实。

（3）预测可能发生的新闻事件，从细微处敏锐推断潜在的重大变化。

19. 答题要点：

新闻事业的舆论监督主要有以下几种功能：

（1）监测环境功能。

舆论监督对社会发展具有"晴雨表"和"候风仪"的监测作用。

（2）社会调节功能。

舆论监督可以对社会心态、社会意见进行调节、疏导和重新整合，充当社会的"传声筒"和"排气阀"，传达呼声，宣泄积郁，满足愿望，从而使整个社会在心态上维持在一个理想的安全值上。

（3）社会控制功能。

舆论监督以舆论、宣传、教育的手法去影响和引导公众的价值观和行为方式，预防和制止社会越轨行为。

（4）社会制衡功能。

在社会主义民主政治的条件下，舆论监督所代表的是多数人的意志。这种权力在进行权力制约和权力抗衡的时候，以新闻舆论的形式出现，其监督的领域广、反应迅速、参与公众多、影响效果大。

（5）舆论监督是一种动态平衡的社会监督。

第一，舆论监督积极主动地介入监督领域，许多社会问题、社会事件首先是以舆论监督形式表现出来的。第二，舆论监督是一个动态过程，总是严密跟踪监督目标与对象行为的发生发展过程，能够做到在否定自己的基础上求得正确的监督。第三，舆论监督的公正性来自操作中的平衡手段。不同的意见、不同的观点、不同的结论，在机会平等的基础上，实现最终的平衡。

四、辨析题（本大题共 3 小题，每小题 12 分，共 36 分）

20. 答题要点：

这一观点是错误的。

"百花齐放、百家争鸣"是我党繁荣科学文化的基本方针，是民主精神、群众路线在文化艺术工作中的具体体现。坚持"双百"方针要在宪法和法律允许的范围内，充分尊重作家、艺术家的创造性劳动，切实保障创作自由和评论自由，提倡不同学术观点、艺术流派的争鸣和切磋，提倡健康说理的文艺批评。

21. 答题要点：

这一观点是错误的。

把握正确的舆论导向，用正确的舆论引导人，是实施社会控制的一种重要手段。舆论反映人心向背，虽然它对任何人都不发生强制作用，它不能命令人们的行动，也不能规定人民的行为，但它却能产生一种精神的、道义的力量，给人以压力。有的时候，公众的谴责甚至胜于法律和组织纪律的处理。马克思把舆论看做是一种普遍的、隐蔽的和强制的力量。

22. 答题要点：

这一观点是错误的。

坚持把社会效益放在首位，努力实现社会效益与经济效益的统一，是马克思主义新闻观的一贯主张。马克思主义的经典论述表明，新闻媒体既要积极引导舆论，保持正确导向，又要讲究成本、效益和投入、产出的经济原则。社会效益和经济效益是良性互动、共同发展这一循环链条上的两个重要环节，一个也不能忽视。

五、论述题（本题 24 分）

23. 答题要点：

（1）新闻舆论监督是新闻传媒运用新闻舆论手段对社会所实行的监督。在我国社会主义初级阶段，新闻舆论监督是中国特色社会主义监督体系的有机组成部分，是人民群众利用新闻媒体对社会公共事务行使民主权利而进行的监督活动。

（2）社会主义新闻舆论监督是社会主义民主建设的推动力。新闻舆论监督提高和深化了广大人民群众的公民意识，是树立民主与法制意识的有效手段。

（3）社会主义新闻舆论监督是人民群众参政议政的重要方式。通过新闻传播媒介实行的舆论监督，是一种公众广泛参与、公开表达意见的社会监督，对于发扬人民当家做主的精神，保护公众参政议政的热情，具有重要作用。

（4）社会主义新闻舆论监督是社会主义民主建设的重要内容。在新的历史时期，进一步维护和保障社会公众的知情权、言论自由权、舆论行为权，是社会主义民主与法制建设的一项重要内容。

（5）社会主义新闻舆论监督是决策民主化、科学化的有效途径。社会公众可以在重大决策制定前后或实施过程中，对决策进行广泛的评议和论证，为政府部门提供可靠的民意和社情参照，从而为各项政策的制定与完善贡献力量。

（6）社会主义新闻舆论监督是揭露腐败、反对官僚主义的有力武器。新闻舆论监督在惩治腐败、倡导廉政、强化执法力度、保持政令畅通、加强行政管理、提高工作效率、反对官僚主义、监督干部尽职守责方面作用重大。

后 记

　　为提高广播影视从业人员的素质，加强广播影视人才培训工作，我们针对当前广播影视岗位对人才能力和素质的要求，组织修订了"广播影视业务教育培训丛书"。"丛书"编印四本，分别是《广播电视综合知识》、《广播电视基础知识》、《广播电视业务》和《广播电视播音主持业务》。这四本书是广播电视编辑记者、播音员主持人的岗位培训教材，也可供有志成为广播电视编辑记者、播音员主持人的人员自学使用。

　　在"丛书"编写过程中，我们得到了来自部分中央和国家机关、教学和科研单位的领导和专家的支持。参加本"丛书"编写和修订工作的同志有（按姓氏笔画排序）：马政、仇东方、方华、王顺生、卢静、叶庆丰、白占群、边立新、刘俐、孙树凤、孙聚成、成美、许颖、冷成金、吴弘毅、张俊、张玲、李忠杰、李晓华、杨小虎、陈先奎、陈亮、陈禹、周小普、周步恒、林鸿、罗哲宇、胡钧、赵小钦、郝大海、涂光晋、秦宣、贾建芳、梁坤、梁鸿鹰、傅程、温飙、谢忠民、鲁景超、熊智辉、魏开鹏等。

　　2016 年，在本"丛书"修订过程中，我们得到了许多学者、老师的大力支持：参加《广播电视综合知识》修订的有山西传媒学院王美清、刘潇滨、范仙珍、裴京娟、张慧芳、刘玮、刘晓丹老师；参加《广播电视基础知识》修订的有山西传媒学院郭卫东、郭萍、文红老师；参加《广播电视播音主持业务》修订的有中国国际广播电台王浩瑜老师；参加《广播电视业务》修订的有中国传媒大学刘年辉老师。2017年，根据新大纲要求，山西传媒学院的王美清副教授、裴京娟副教授对《广播电视综合知识》进行新知识点的补充，郭萍副教授对《广播电视基础知识》进行新知识点的补充。在此一并表示衷心的感谢。

在此，谨向为本"丛书"的编写、修订、出版予以大力支持的有关单位和付出辛勤劳动的专家学者及工作人员表示诚挚的感谢！

在编写修订过程中，还有一些专家给予了大力支持，我们也引用了部分资料，未能一一致谢，在此敬请谅解并表示感谢！由于时间仓促，本书中可能还会有一些疏漏，敬请读者理解。

广播影视业务教育培训丛书编写组

2017 年 6 月